서울·호남 편
지명이 품은
한국사
여섯 번째 이야기

지명이 품은 한국사 서울·호남 편
여섯 번째 이야기

초판 1쇄 인쇄일 2013년 8월 3일
초판 1쇄 발행일 2013년 8월 30일

지은이_ 이은식
펴낸이_ 최수자

주 간_ 심재진
디자인_ 공감인(IN)
인 쇄_ 우성아트피아
제 본_ 우성제책사

펴낸곳_ 도서출판 타오름
주 소_ 서울시 은평구 녹번동 38-12번지 2층(122-827)
전 화_ 02) 383-4929
팩 스_ 02) 3157-4929
전자우편_ taoreum@naver.com

ISBN 978-89-94125-19-0 04900
      978-89-94125-07-7 (세트)
정 가_ 19,800 원

※ 이 책은 저작권법에 따라 보호받는 저작물이므로 무단 전재와 무단 복제를 금합니다.

이 도서의 국립중앙도서관 출판시도서목록(CIP)은 e-CIP 홈페이지(http://www.nl.go.kr/ecip)에서 이용하실 수 있습니다. (CIP제어번호: cip2013014824)

문화체육관광부 우수교양도서·올해의 청소년 도서에 선정된
『지명이 품은 한국사』 충청북도 편에 이은 지명 유래

서울·호남 편
지명이 품은 한국사
여섯 번째 이야기

이은식 지음

타오름

▌작가의 말 ·· 7

▌땅마을 이름의 유래 ··· 11

 **서울 지역의 지명 유래**

서울 종로구 지명의 유래 ·· 33
    장원백의 주인 33 ‖ 벼슬 복 많았던'큰 솜씨'최항 36 ‖ 평탄한 벼슬길 39

서울 도봉구 지명의 유래 ·· 42
    서원천동(서원내)란 어느 곳을 가리키는가 42

서울 성동구 행당동의 지명의 유래 ································· 45
    힘없는 백성들의 기원기도 처인 당뿔이 있는 곳, 행당동 45

서울 성동구 홍익동 지명의 유래 ···································· 48
    단군의 건국이념이 동명이 되었던 곳, 홍익동 48

서울 성동구 금호동 지명의 유래 ···································· 49
    금金과 물水에서 얻은 지명, 금호동 49

서울 성동구 용두동과 답십리 지명의 유래 ···················· 51
    용두동(용의 머릿동)과 답십리(넓은 들이 십리까지 뻗친 곳)를 합한 동명, 용답동 51

서울 성동구 응봉동 지명의 유래 ···································· 52
    응봉동의 어머니 산 응봉산이 사나운 매를 닮았다하여 얻은 동명, 응봉동 52

서울 성동구 왕십리동 지명 유래 ···································· 55
    무학대사의 십리행이야기를 간직한 동명, 왕십리동 55 ‖ 왕십리 아래쪽에 자리했다하여
    하왕십리동 57

서울 성동구 사근동 지명 유래 ······································· 60
    낡고 오래된 사찰이 있었기에 얻은 지명, 사근동 60

서울 성동구 송정동 지명 유래 …………………………………………… 63
숫말목장에서 솔마장으로 현재는 송정동 **63**

서울 성동구 성수동 지명 유래 …………………………………………… 65
성덕정과 수원지, 성수동 **65**

서울 성동구 도선동 지명 유래 …………………………………………… 68
도선대사의 수도처였기에, 도선동 **68**

서울시 강북구 미아동 지명 유래 ………………………………………… 70
극락으로 가는 길, 미아동 **70**

서울 동작구 지명 유래 …………………………………………………… 73
동작구와 한강 **73** ‖ 한강의 문화 그 꽃도 아름답구나 **85** ‖ 동작의 탄생과 그 이야기 **96** ‖ 한강은 정자를 낳고 정자는 한강을 알렸다 **99** ‖ 효사정의 풍광 **99** ‖ 노한은 어떤 사람이었나 **106** ‖ 정조의 효심과 그 정자 **108** ‖ 월파정 **110** ‖ 동작구에 모셔진 충신들의 혼령 **112** ‖ 노강서원의 슬픈 역사 충신 박태보의 그림자 **114** ‖ 가칠목 충신 박태보의 혼령이 머무는 곳 **116** ‖ 박태보설화 **117** ‖ 나루터 **119** ‖ 겸재 정선 선생의 안목 **123**

서울 관악구 지명 유래 …………………………………………………… 126
풍수학의 중심(양녕대군과 무학대사 이야기) **126** ‖ 관악이 있었기에 동작이 있다 **127** ‖ 동작의 명산 **127** ‖ 사자암 풍수설이 남긴 호국 도량지 **128**

 # 제2부 호남권 지역의 지명 유래

광주광역시 광산구 지명 유래 ………………………………………… 141
복룡산 141 ‖ 태조임금이 다녀온 어등산은 말한다 143 ‖ 무등산 147

광주광역시 북구 지명 유래 …………………………………………… 150
자미탄의 유래 150 ‖ 충장로의 연유 151 ‖ 김덕령의 정치살인 154 ‖ 호남의 심장지 금남로 158 ‖ 금성정씨 160 ‖ 천 년의 세월도 잠깐인가 161 ‖ 기지와 재치로 장군이 된 정충신 164 ‖ 장차 크게 쓰일 아이 166 ‖ 사활을 건 내기 바둑 172 ‖ 꽃게잡이 어부와 해골 175 ‖ 정충신장군이 남긴 금남로 178 ‖ 금남군 사당 볼혁 수 179

전라북도 순창 지명 유래 ……………………………………………… 180
기구했던 운명의 단경왕후 180 ‖ 단경왕후아버지 신수근 214 ‖ 단경왕후 혈통 외조부 한충인 222

전라북도 정읍 지명 유래 ……………………………………………… 226
정순왕후태생유지 226

전라남도 담양 지명 유래 ……………………………………………… 227
충신·효자 나라의 동량 석헌 류옥 선생의 생애와 혼령을 찾아 227 ‖ 외직의 이력 232 ‖ 충신 삼선생들에게 버려진 사패지 251 ‖ 정간공 석헌 류옥의 혈세계 257 ‖ 류옥 258 ‖ 정간공 석헌의 생애 265 ‖ 충신의 아버지 유문표와 간아지 271

전라남도 나주 지명 유래 ……………………………………………… 277
장화왕후 오씨 277

전라남도 목포 지명 유래 ……………………………………………… 280
국도의 시발지 280 ‖ 목포의 눈물 281

전라남도 장성 지명 유래 ……………………………………………… 283
흰바위 봉우리 283 ‖ 고불총림 백양사 284 ‖ 백양사 285

전라남도 담양 대전리 지명 유래 ········· 291
명성名聲에 저항抵抗한 김구金絿 **291**

전라남도 영광 지명 유래 ············· 292
불갑산 **292** ‖ 불갑사 **292** ‖ 영광 굴비란? **294** ‖ 영광굴비의 유래 **294** ‖ 굴비의 특징 **295** ‖ 문헌상에 나타난 굴비의 효능 **296**

전라남도 해남 지명 유래 ············· 298
고산 윤선도 유적지(녹우당) **298**

전라남도 무안 지명 유래 ············· 300
승달산 **300** ‖ 회산 백련지 **300** ‖ 무안군 영산강하류 **301**

전라남도 영암 지명 유래 ············· 303
고려개국공신 최지몽의 탄생지 **303** ‖ 월출산국립공원 **304**

전라남도 광양 지명 유래 ············· 306
율산 김오천 옹과 광양밤 **306** ‖ 민간단체 곡수협회 **307** ‖ 매실 **308**

전라남도 진도 지명 유래 ············· 309
왕온王溫 **309**

전라남도 곡성 지명 유래 ············· 311
도림사 **311**

전라남도 구례 지명 유래 ············· 312
연곡사 **312** ‖ 지리산국립공원 **313** ‖ 지리산 남악제 **315** ‖ 피아골계곡 **316** ‖ 피아골 단풍제 **317**

전라남도 장흥 지명 유래 ············· 318
부사골로 승격시킨 공예태후 임씨 **318**

▎작가의 말

　인간의 역사는 땅의 역사라 해도 과언이 아니다. 따라서 향토사(鄉土史)의 경우는 더욱 그러하므로 지명(地名)을 이해한다는 것은 바로 그 고장의 역사를 아는 것과 직결되어 있다.
　오늘의 시대를 살고 있는 한국인은 현재라는 시간 속에서 과거와 미래를 연결 지으며 부단히 자신의 삶을 영위해 간다. 그러므로 그 나라 국민으로 살기 위해서는 반드시 그 나라의 역사를 알지 않으면 안 되고, 또 그 지방의 향토인(鄉土人)으로 살기 위해서는 그 고장의 역사를 알지 않으면 안 된다.
　그러나 우리나라의 역사 교육은 그동안 국민으로서의 교육이 절대적으로 필요했기 때문에 학교에서는 주로 국사교육에만 치중해 왔다. 하지만 이제부터 참으로 세계화(世界化) 지방화(地方化)의 시대를 개척해 가기 위해서는 역사교육의 영역을 좀 더 확대하여 세계사(世界史) 및 각 지역의 향토사(鄉土史) 교육을 병행해야 할 것이다.
　왜냐하면 〈향토사〉는 바로 국사의 한 부분이며, 각 고을의 〈향토사〉는 또한 국사와 밀접한 연관성을 가지기 때문이다. 물론 앞으로도 국사교육은 각급 학교에서 충실히 실시될 것이다. 그러나 향토사 교육의 실시는 여전히 불투명한 실정이므로 지방자치시대를 맞이하여 자라나는 청소년들에게 우리 고장의 지명(地名)만이라도 가르쳐 줄 수 있는 기초자료를 마련해 놓는 것이 우리의 책임이 아닌가 하여 이 책자를 편찬하게 된 것이다.

특히 이 책자에서 주안점을 둔 것은 지명(地名)과 함께 고을의 인물(人物)과 역사를 병기하는데 있다.

지명(地名)도 역사도 결국은 사람이 만드는 것이다. 그러므로 그 고장에서 어떤 인물이 배출되었는가 하는 것을 살펴보는 것은 매우 중요한 일이다.

따라서 역사란 인간활동의 전부라 해도 과언이 아니다. 인간의 모든 문화영역(文化領域)은 역사적 산물이다. 즉 정치, 경제, 사회, 윤리, 도덕, 학문, 예술, 종교, 과학, 제도, 사상, 철학, 언어, 문자 등 인간의 온갖 지식이나 생각까지도 역사적 소산이기 때문에 역사를 제대로 이해하지 못하고서는 어떤 학문이나 삶도 바로 세우지 못한다.

한국사회는 1960년대 이래 엄청난 변화의 시대를 걸어왔다. 봉건적인 농경사회(農耕社會)에서 현대적인 산업사회(産業社會)로 급속히 이행하면서 전통문화의 해체기(解體期)를 맞이했다.

그 과정에서 문화적 사회적 갈등과 모순이 적지 않았으며 아직도 당분간 심한 몸살을 앓아야 할 전망이다.

호남은 전통적으로 어머니의 품속처럼 아늑하고 복사꽃 살구꽃 피는 시정(詩情)어린 고장이었다.

교교한 달밤 먼데서 들려오는 퉁소소리 같은 신비한 땅인지라 투박한 옹기나 목기가 어울리는 고장임에도 불구하고 시멘트, 플라스틱, 비닐 문화가 범람하여 옛 모습은 점차 사라지고 말았다.

하긴 이 세상에 변화하지 않는 것은 없으며 변화하는 것만이 진리이다. 그러므로 변방지방이라고 하여 예외일 수는 없을 것이다.

그러나 아무리 그러하더라도 목적(目的)과 수단(手段)이 전도(顚倒)된 가치의식 속에서 자기상실(自己喪失)의 모습으로 변모해 가는 것이 안타깝고, 이제는 제 고장의 지명(地名)마저도 기억하지 못하는 이방인(異邦人)으로 사는 것이 더욱 두렵기만 하다.

없던 길을 새로 내고, 큰 집을 짓는 것만이 개발이며 발전은 아니다. 우리의 소중한 정신과 환경을 잘 가꾸고 보존하는 것도 참다운 개발이며 발전이다.

그러므로 이 책자는 지방문화와 역사를 시간적 개념이 아니라 공간적 개념으로 이해하면서 어느 고을에 어떤 인물들이 배출되었는가 하는 것을 살펴보도록 꾸몄다. 즉 인걸(人傑)은 지령(地靈)이라 하였으므로 땅의 기운이 사람을 낳고 키우는데 절대적인 영향을 미치는 까닭이다.

땅이란 곧 유전(遺傳)이며 환경(環境)인 동시에 교육(敎育)의 전제조건인 것이므로 인격형성(人格形成)에 중요한 역할을 한다. 뿐만 아니라 인간의 문화 자체가 땅의 변형(變型)에 지나지 않는다.

　인류의 역사는 전쟁의 역사이고, 전쟁이란 바로 땅뺏기 놀음이다. 경제란 땅을 이용한데서 비롯된 것이고, 인류의 모든 위대한 문화유산(文化遺産)은 땅이 만들어 준 것이다. 그러니 어찌 땅을 사랑하지 않을 수 있으며, 지명(地名)을 소중하게 가꾸지 않을 수 있을 것인가.

　평생을 객지에서 전전하다가 가끔 고향에 들려보면 농어촌의 인구가 격감하여 빈집이 많고, 산천은 의구(依舊)하되 인적(人跡)이 드무니 낯선 땅을 찾아 온 느낌이 없지 않다.

　이제는 고향이면서도 고향에 살지 못하고 객지에서 사는 사람의 수가 더 많아지고 말았다.

　하지만 아무리 세월따라 객지에서 산다고 할망정 나의 가슴 속에는 언제나 고향의 정서(情緖)가 서리어 있기 마련이다. 고향은 인간존재(人間存在)의 원천이기 때문에 몸은 비록 타향에 산다 할지라도 마음은 제가 나서 자라난 고향과 함께 사는 것이다.

　따라서 고향에 대한 그리움과 애정은 인간의 가장 원초적인 본능이다.

2013년 6월 북악산 자락 녹번동에서

땅마을 이름의 유래

　사람에게 이름이 있듯이 땅에도 이름이 있다. 땅이름에는 그 고장의 역사歷史와 애환哀歡이 담겨 있다. 지명地名에는 지명으로의 특징이 있고, 다른 지명과 구별되는 고유성固有性이 있다.

　지명이 우리에게 가장 많이 전해주는 것은 그 고장의 역사다. 도중에 변화된 지명들은 바뀐대로 역사 변천變遷의 일면을 보여준다. 또한 바뀌지 않은 지명은 맨 처음 역사를 원형대로 지니고 있는 것이 보통이니, 지명은 그 고장의 역사 변천을 따라 변화되어 왔음을 알 수 있다.

　우리 조상祖上들은 글자를 만들기 훨씬 전부터 한자漢字를 빌어 땅이름을 표기해 왔다. 처음에는 비록 한자를 빌어서 표기했지만, 우리말식 지명을 쓰기도 했다.

　그러나 신라新羅가 삼국三國을 통일統一한 후인 757년 (경덕왕景德王 16)에 전국 대부분의 땅이름은 한자로 개악改惡됐다. 심지어 한자를 빌어 우리말식으로 표기했던 땅이름까지도 당唐나라식인 2자 한자화二字漢字化로 바뀌기 시작했다. 이러한 땅이름의 개악은 계속되어 940년 (고려태조 23)주군현(州·郡·縣)의 이름마저도 당나라식인 2자한자화로 변화變化됐다.

조선시대朝鮮時代에 들어와서 각종 관찬사서官撰史書의 편찬編纂이 활발해지면서 마을의 이름도 한자화됐다. 이 과정에서 우리나라 고유의 땅이름이 많이 훼손됐다.

한편 1910년 8월 일본제국주의는 우리나라를 합병하기도 했다. 소위 경술국치庚戌國恥 후 일본제국주의는 한국을 효율적으로 지배하고자 전국의 군·읍·면(郡·邑·面)을 통폐합統廢合시켰다.

이 과정에서 우리나라의 고유한 지명은 일본식日本式 지명으로 다시 한 번 크게 훼손되었음을 알 수 있다.

국민들은 물론 국토까지도 침략의 수난을 면하지 못하다 보니 고유의 본 이름이 연유나 특징을 잃은 곳도 수 없이 많음이 안타까울 뿐이다.

그래서 한 곳을 두고도 여러 이름이 있음에 따라 더욱 더 살피고 익혀야 하는 번거로움을 감수해야 하겠다.

제1부
서울 지역의
지명 유래

김정호 대동여지도

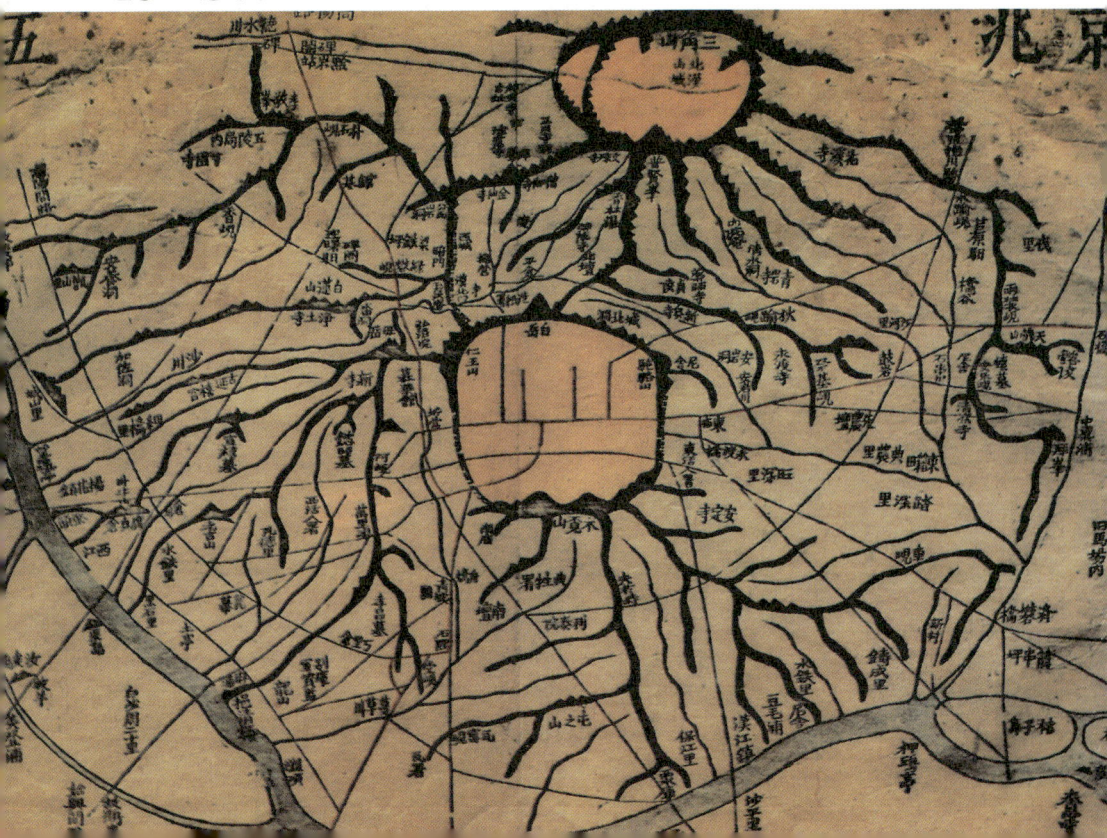

인물을 통해 알아가는 한국사

태조

세종

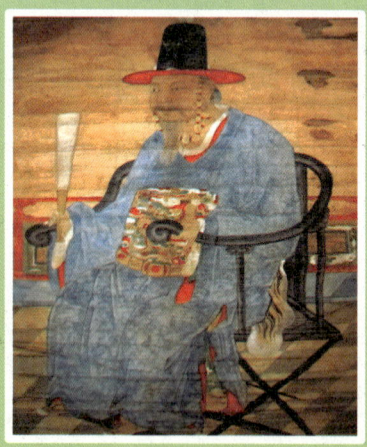

선조

영조

인물을 통해 알아가는 한국사

정조

철종

그림으로 읽는 지명을 품은 한국사

인물을 통해 알아가는 한국사

영친왕

영친왕(결혼)

흥선대원군

사명대사

인물을 통해 알아가는 한국사

명성왕후

그림으로 읽는 지명을 품은 한국사

인물을 통해 알아가는 한국사

고종후궁

순종효황후

인물을 통해 알아가는 한국사

의민황태자비

김취려장군

인물을 통해 알아가는 한국사

강이식 장군

VII 지명이 품은 한국사 여섯 번째 이야기

인물을 통해 알아가는 한국사

덕수궁 수문장 교대식

인물을 통해 알아가는 한국사

종묘제례

IX 지명이 품은 한국사 여섯 번째 이야기

인물을 통해 알아가는 한국사

신숭겸

그림으로 읽는 지명을 품은 한국사

인물을 통해 알아가는 한국사

성균관 내의 은행나무

XI 지명이 품은 한국사 여섯 번째 이야기

인물을 통해 알아가는 한국사

고려 목종의 비

그림으로 읽는 지명을 품은 한국사   XII

인물을 통해 알아가는 한국사

관상대

XIII 지명이 품은 한국사 여섯 번째 이야기

인물을 통해 알아가는 한국사

대안문

대한문

인물을 통해 알아가는 한국사

북한산 대성문

XV 지명이 품은 한국사 여섯 번째 이야기

인물을 통해 알아가는 한국사

원구단

인물을 통해 알아가는 한국사

장충단

XVII 지명이 품은 한국사 여섯 번째 이야기

서울 지역의 지명 유래

서울 종로구 지명의 유래

장원백壯元栢의 주인

잣나무 아래 잠자던 선비의 장원

최항 선생에 대한 일화는 여러 문헌에 고루 전하는데, 모두 뛰어난 문장과 겸손하고 단정하여 평탄하게 벼슬살이를 한 일을 칭찬하는 글이다.

『어우야담於于野譚』에 의하면 과거를 앞둔 어느 날 세종이 꿈을 꾸었는데 용 한 마리가 성균관 서편 잣나무에 서리어 있었다. 잠에서 깨어난 세종은 지나가는 꿈같지 않았기에 곧 내관을 시켜 가보게 했더니, 한 선비가 행탁(여행할 때 행장을 넣는 자루)을 베개로 삼고 발을 잣나무에 걸고는 잠을 자고 있었다.

이 과거에서 최항은 장원으로 급제했는데, 내

세종대왕 존영

최항 선생

관이 보니 잣나무 아래에서 잠을 자고 있던 바로 그 선비였다.

그때부터 잣나무를 장원백壯元栢이라 불렀다.

최항의 온후하고 관대한 성품에 대하여 『필원잡기』에는,

> "선생은 성품이 겸손하고 간절하여 겉을 꾸미지 않았으며, 평탄하게 처세하여 남보다 다르려고 하지도 않았다."

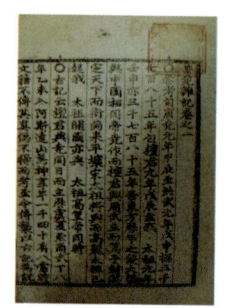

필원잡기, 서거정 지음

라고 하였다. 『명신록』에는,

> "두 차례나 정승이 되어 정사에 관대하기를 힘쓰고, 제도개혁을 좋아하지 않았으며, 대사를 결정할 때는 확고하여 범하지 못하였다. 조정에 들어선 지 40년 동안 한 번도 탄핵을 당한 적이 없었으며, 벼슬이 정승에 오르기까지 하루도 외관직을 살지 않았다."

라고 기록되어 있다.

『시화총림』에는 또 이렇게 기술하고 있다.

> "선생은 평소에도 비록 추위가 심하거나 몹시 더운 날이라 하더라도 하루 내내 의관을 정제해 조금도 게으른 용태가 없었다"

한편 최항이 지은 시는 옛 사람의 법식을 답습하지 않고 독창적인 솜씨로 지어 호걸스러울 뿐 아니라, 정밀하고 적절하게 고사古事

를 인용한다는 평가를 받았다.

한 예로 선생이 지은 「검은콩 [흑두黑豆]」이란 글을 보면,

"흰눈[백안白眼]은 손客을 미워하는 뜻을 나타내는 것 같고, 검은 몸은 원수를 갚을 마음이 있는 듯하다"

라고 하여 흰 콩은 손님을 냉대하는 뜻으로, 검은 콩은 문인과 열사로 비유하였다.

중국의 진나라 때 죽림칠현의 한 분으로 완적阮籍이 있었는데, 그는 눈을 푸르게도 희게도 하는 재주가 있었다.

속세에 얽힌 속인이 오면 그는 늘 눈을 희게하여 냉정히 대했다고 한다. 또한 전국시대 지백智伯의 부하 예양豫讓은 지백의 원수를 갚고자 몸에 옻칠을 하여 나병 환자처럼 가장하고 조양자趙襄子를 죽이려고 피습하였지만 실패하였다.

조양자가 불쌍히 여겨 살려주었는데, 이번에는 숯불을 머금어 벙어리가 되어 다시 죽이려 하였으나 또 실패하고 말았다.

결국 그는 조양자의 옷을 다라고 하여 칼로 내리치고 자신은 자결하였다. 이 고사를 인용해 최항은 검은 콩을 열사로 비유한 것이었다.

최항의 문장을 가리켜 권지재勸止齋는 탄복하며 말하기를,

"우리 동방의 문자는 기습氣習이 쇠약하고 기력이 없는데, 능히 발양發揚하고 떨쳐 일으킬 사람은 반드시 이 사람이다."

벼슬복 많았던 '큰 솜씨' 최항

기라성 같은 인물들이 진을 친 조정에서 한 번도 지방관으로 나가지 않고, 또 40년 동안 탄핵 한 번 받지 않은 인물이 있다면 믿을 사람이 있겠는가?

실제 그런 정승이 광주군 퇴촌면에 모셔져 있다.

최항崔恒(1409~1474)선생이다.

조선초기의 문신이며 대학자였던 최항 선생의 묘와 사당은 광주군 퇴촌면 도마리에 있다. 도마리에 이르면 삼거리가 나오는데, 왼쪽은 팔당으로 가는 45번 국도요, 오른쪽은 양평으로 가는 308번 국도이다. 이 삼거리에서 308번 국도로 약 100미터쯤 가면 오른쪽에 마을로 들어가는 시멘트길이 나온다.

최항 선생의 사당 현판

사당은, 차 두 대가 간신히 지날 수 있는 이 길을 따라 곧장 마을로 들어가면 길이 끝나는 곳에 은행나무 두 그루가 나란히 서 있는데 그곳에 있다. 사당 입구에는 비바람에 씻기어 글씨가 지워진 화강암 비석이 있다. 돌담으로 에워싸인 사당의 처마에는 '문정공최항지묘文靖公崔恒之廟'라는 현판이 빛바랜 채 걸려 있고, 사당 안에는 최항의 신위가 다소곳이 모셔져 있다.

선생의 묘는 마을입구 왼쪽 동산에 있는데, 집모퉁이로 난 가파른 돌계산을 올라가야 한다. 가파른 돌계단은 더더군다나 풀숲에 가려져 있어서 오르기가 힘들다. 그러나 끝까지 올라가면 모다리의 넓은 들판과 삼거리가 한눈에 보이는 곳에서 선생의 묘가 답사객의 답답한 가슴을 시원스레 풀어준다.

　묘는 근래에 정비하였는지 돌로 기단을 쌓아 흑이 허물어지는 것을 방지했다. 묘 앞에는 문인석이 두 눈을 부리부리하게 뜨고 입을 꼭 다문 채 서 있다.

　두 손을 모아 가지런히 배 부분에 갖다 댄 이 문인석은 제주도 장승인 '돌하르방'과 비슷하다. 위엄은 있으되 마음씨 너그러운 할아버지를 본 딴 돌하르방이 당시 제주도에 있었는지 알 수 없

최항 선생 묘소

지만 기록에 의하면 제주도의 돌하르방은 1754년에 처음 세웠다 한다. 어쩌면 이 모습을 보고 제주도 돌하르방이 생겼는지도 모르겠다.

　어느 묘에서도 찾아보기 힘든 이 문인석 중 한쪽 것은 어깨가 치켜 올려져 있어서 만약 현무암으로 만들었다면 영락없이 돌하르방이라 할 것이다. 다만 머리에 유관을 쓴 모양이 둥근 감투를 쓴 제주도 돌하르방과 구별될 뿐이다.

　너그럽고 관대하여 누구와도 다툼이 없었던 선생의 성품을 가장 잘 나타내 주는 문인석 앞에는 근래에 세운 상석과 예전에 세운 묘비가 있다.

최항 선생의 묘비

묘비에는

'수충위사협찬정란좌익순성명량경제홍화좌리공신 대광보국숭록대부의정부영의정輸忠衛社協贊靖難佐翼純誠明亮經濟弘化佐理功臣大匡輔國崇祿大夫議政府領領議政겸영경연춘추관예문관홍문관관상감사兼領經筵春秋館藝文館弘文館觀象監事영성부원군증시문정공최항지묘寧城府院君贈諡文靖公崔恒之墓'

라고 씌어 있다.

이 묘비에는 1453년 동부승지로 있을 때 세조가 단종을 몰아내고 정권을 장악한 계유정란에 협찬한 공이 있다하여 정란공신 1등에 녹훈되어 도승지가 되고, 이어 1455년 세조가 즉위하면서 좌익공신 2등에 녹훈되고, 1471년(성종 2년)에 그동안『경국대전』과『무정보감』등을 찬한 공이 인정되어 좌리공신 1등에 녹훈된 사실이 적혀 있다.

묘는 호석 없이 봉분만 있어 일반 백성들의 묘처럼 소탈하니, 평생 재물을 탐하지 않고 청빈하게 살다간 최항의 유지를 그 후손이 받든 것으로 보인다.

묘 주위는 어찌나 많은 '원추리꽃'이 피어 있던지 꺾어가고 싶은 생각이 들 정도였다. 일명 망우초忘憂草라고 부르는 이 꽃은 백합과 비슷하며, 색깔은 노란색이다.

옛날 선비들은 이 꽃으로 친구들에게 자신의 마음을 전했다고 한다. 그러나 이 원추리꽃들은 뭇 선비들이 저승에 계신 선생이 혹시나 근심에 차 있지 않을까 염려되어 보낸 것이라 손을 댈 수 없었다.

산 아래에는 최항에게 제사를 지내는 영모재가 있다. 안으로 들어가 최항에 대한 여러 이야기를 듣고 선생이 해운대를 찾았을 때 지은 시 한 편을 읊조렸다.

구태여 대에 올라 찬바람 쏘일 것 없네.
봄꽃은 이미 다하여 저버렸나니
취한 채 금오산을 밟으며 쉼 없이 시 읊는데
신선의 퉁소 소리 바다 구름에 퍼지네.
智登臨不必御冷風 등임불필어냉풍
拂盡東華舊軟紅 불진동화구연홍
醉踏金鼇吟未己 취답금오음미기
紫簫聲徹海雲中 자소성철해운중

평탄한 벼슬길

최항의 자는 정부貞父, 호는 태허정太虛亭·동량, 본관은 삭녕朔寧이다. 영의정에 추증된 사유士柔의 아들로 태어나 당대의 문장가인 서거정徐居正의 자부姊夫가 되었다.

1434년 26세 때 알성 문과에 장원으로 급제한 뒤 집현전 부수찬이 되어 박팽년·신숙주·성삼문 등과 함께 훈민정음 창제에 참여했다. 세

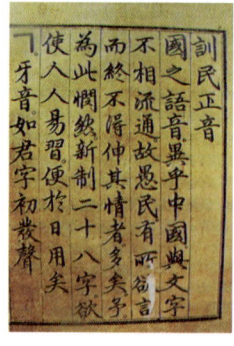

훈민정음해례

종 때에는 주로 편찬사업에 관여하여 『용비어천가』『동국정운』『훈민정음해례』등을 만드는 데 기여했다.

그 후 최항은 집현전 직제학에 오르고 이어 부제학으로 승진하였다. 18년 동안 강설講說·사명詞命·편찬 및 저술에 힘써 세종으로 하여금 '큰 솜씨'라는 말을 들었다. 특히 외국이나 국내의 중요 문서를 짓는 변려문駢儷文 문체에 밝아 명나라에 보내는 모든 표表와 전箋은 거의 그의 손으로 이루어졌다. 그의 문장은 웅장하고 호방하여 중국 사람들이 우리나라 표전의 내용이 정절精切하다고 칭찬했다 한다.

그러나 글만 좋아할 뿐 집안일에는 조금도 관여치 않은 전형적인 선비로, 거의 40여 년간 벼슬길에 있었지만 한 번도 탄핵받거나 귀양가지 않았다. 오늘날과 같은 염량세대에 이렇게 처세해야 하는 가를 가르쳐준다. 또한 천성이 겸손하고 말이 적어 타인과 의견 충돌이 없었으면 또한 재산을 탐하지 않아 시비가 없었다 한다.

세조 때에 이르러 최항의 문장과 학식은 더욱 빛을 발하였다. 『경국대전』편찬 중 세조가 기복출사起復出仕(부모의 상중에 벼슬에 나아감)를 명하자, 세 차례나 거절하였다. 이에 세조가 말하기를,

"경의 재능은 나 홀로 아는 바 아니니 오로지 일신만을 위할 수 없다."

하여 부득이 명에 응했다.

세조가 경서에 토를 달 때 최항이 옆에서 자문을 하였다. 최항이 분석하고 해설하는 대답이 마치 메아리 소리처럼 들리자 세조가 좌우에게 이르기를,

"영성寧城은 참 천재다."

라고 칭찬했다 한다.

최항은 1466년 판변조사에 임명되자 군사관계에는 자신이 적임자가 아니라며 극구 사양하여 다른 관료들의 존경을 받았다. 유난히 관복이 많았던 최항 선생은 정해년에 정승이 되고 반년 만에 다시 우의정·좌의정·영의정에 오르니 복이 너무 지나치다하여 벼슬을 사직까지 하였다.

시호는 문정文靖이다.

서울 도봉구 지명의 유래

서원천동書院川洞(서원내)란 어느 곳을 가리키는가.

정암 조광조 선생

『동국여지승람』에 보면 양주목 불우조佛宇條에 청룡사靑龍寺, 망월사, 회룡사回龍寺, 원통사圓通寺, 영국사寧國寺가 모두 도봉산 아래 있다고 되어 있다. 이 중에 영국사 옛터에 도봉서원道峯書院을 짓고 유교계 정치가로 이름이 높은 정암靜庵 조광조趙光祖를 향사享祀하게 된 것은 조선 선조 때인 1573년(선조 6)부터의 일이다.

이곳은 조광조가 청소년 시절부터 산수의 풍경을 사랑하여 자주 찾아 놀던 곳이고, 또 관계에 나가 바쁜 중에도 여가만 있으면 찾아와서 소창消暢하던 곳이다.

이때 유학에 조예가 깊고 평소 조광조의 학문과 인격을 숭앙하던 동강東岡 남언경南彦經이 양주楊洲 목사牧使로 부임하여 와서 조광조의 유적지인 이곳에 서원을 짓고 그를 향사하게 하였던 것이다. 이곳에 서원을 짓는 데에는 도봉산의 산수와 인연이 깊은 서민 시인으로 남언경과는 사제지간인 촌은村隱 유희경劉希慶이 주선周旋으로 감역監役한 노고가 컸다.

도봉서원은 이듬해인 1574년(선조 7)에 선조의 어필을 사액 받기도 하였으며 산수풍경이 수려한 이곳에 정전正殿과 동·서재齋를 갖춘 도봉서원은 도봉산의 명소가 되었다.

도봉동 403번지에 있는 도봉서원의 입구에는 도봉서원의 소재지를 알리는 도봉동문道峯洞門이라는 네 글자가 큰 바위에 새겨져 있으며 길 위로 올라가면 넓은 마당 한가운데에 도봉서원의 옛 사당이 있다.

서원에는 1696년(숙종 23)부터 송시열을 함께 향사하여 왔다. 첩설서원疊設書院을 철폐할 때 훼철毁撤되었다가 광복 후 양주 유림들의 주선으로 정전을 다시 지어 오늘에 이르렀다.

도봉서원

윗서원(서원안말)은 도봉서원이 있던 마을로 지어진 이름이다. 그러나 이보다 앞서 영국사라는 절이 있어 영국리라고 하였는데 선조때 이 절을 헐고 도봉서원을 세우자 그 뒤부터 윗서원이라 하였다.

도봉서원을 중심으로 있는 마을은 윗서원이라 하고, 하천을 경계로 해서 그 밑에 지역을 서원내(서원천동書阮川洞)로 구분하였다. 서원내는 주위에 냇물이 흐르던 마을로서 이상기후로 인한 피해가 있었으나 1999년 7월에 다리를 완성한 이후에는 비로 인한 피해가 없다.

도봉동문

서원내는 과거에 전형적인 논농사 지역이었으며 현재는 이 지역 모두 주택단지로 변모되었다.

서원안말에는 현재 광륜사光輪寺라는 사찰이 있는데 이는 풍은 부원군豊恩府院君 조만영趙萬永의 딸인 조 대비가 나라의 평안을 위해 기도하던 곳이다. 조 대비는 신정神貞 왕후로서 조선 익종의 비였다.

1808년(순조 8) 태어나 1819년(순조 19) 세자빈에 책봉되어 가례를 올리고 헌종이 즉위한 뒤 왕대비가 되었다. 철종이 죽자 왕위 결정권을 가지게 되어 고종을 즉위케 하였으며, 대왕대비로서 수렴청정을 하고 흥선 대원군에게 정책 결정권을 내려 대원군의 집정을 이루게 하였다.

그 후 조 대비는 이곳에 팔곡 대사를 불러 나라를 위한 기도 및 자식들의 수명장수를 기원했고, 1890년(고종 27) 하세 후 수릉綏陵에 안장되었다.

따라서 동소문 밖에서부터 의정부까지 현재의 북한산국립공원 자리까지가 조 대비의 땅이었으며 지역 주민들은 이 땅에서 소작농으로 생계를 유지했다.

광륜사

도봉서원을 중심으로 골짜기마다 마을 이름들이 지어졌는데 갓굴은 서원내 서쪽에 있는 골짜기를, 뒷굴은 도봉서원 뒤에 있는 골짜기를, 묏굴은 서원 너머 골짜기를 말하는데 옛 분묘가 많이 있다.

서울 성동구 행당동 지명의 유래

힘없는 백성들의 기원기도 처인 당堂이 있는 곳, 행당동杏堂洞

당집

행당동은 힘없는 백성들의 기원기도 처인 당堂이 있는 곳, 그리고 그 부근에는 은행나무가 무성하였다하여 얻은 이름이다.

응봉산 북쪽일대에 위치한 행당동의 동명은 주민들에 의하면 행당초등학교의 동쪽 산 일대, 즉 「아기씨당 阿祈氏堂」이 위치한 곳에 예로부터 살구나무와 은행나무가 많이 심어져 있어 행당杏堂이라는 마을 이름이 생겼다고 전해온다.

행당동은 1751년(영조27)에 간행된 『도성삼군분계총록都城三軍分界總錄』에 한성부 남부 두모방(성외) 신촌리계로 나타났고, 갑오개혁 때에는 한성부 남서南署 두모방 신촌리계의 행당리동, 전관 1,2계의 전관동箭串洞이었다.

행당동 일대는 하왕십리동 지역과 함께 세칭 왕십리로 일컫는 지역으로, 조선시대에는 진펄리, 또는 진팔리로 주민들이 불렀다.

이 일대는 조선시대에 배추를 많이 심었으므로 「왕십리 배추장사」

라는 명칭이 서울에 널리 알려졌다.

이에 따라 「왕십리 사람은 목덜미가 까맣고, 마포사람은 이마와 콧등이 까맣다」는 말이 생겼다.

행당동 산 128번지 「왕십리길」 남쪽 언덕 위에는 아기씨당阿祈氏堂이라는 사당이 있다.

이 사당은 왕십리역 부근에 있었으나 4차례나 이전하여 이곳에 자리잡게 되었다.

이 아기씨당이 세워진 것은 옛날에 북쪽에서 나라가 망하여 나라가 바뀌자 공주 다섯명이 시녀들과 남쪽으로 피난을 왔다가 왕십리에 정착하게 되었고, 산속에서 다섯 공주가 머무르며 몇 해를 풀뿌리로 연명하며 살았다.

그러다 산 찔레꽃이 핀 어느 해 봄, 다섯 공주는 배가 너무 고픈 나머지 찔레꽃을 따서 먹다가 찔레꽃을 입에 물고 죽게 되었는데, 세월이 흘러 왕십리에 마을이 형성되고 인구가 늘어나자 마을 사람들의 꿈에 다섯 공주가 나타나 "우리들의 한을 풀어 위로해 주세요"라고 말했으나 사람들은 이를 믿지 않았다.

그러자 마을에는 이상한 괴변과 질병이 돌기 시작했다. 이에 놀란 사람들은 왕십리 기차 정거장 자리에 사당을 짓고 가을이면 마을 사람들이 한마음이 되어 제를 지내고 굿을 하며 마을의 안녕과 화합을 빌었다.

그런데 이상한 것은 아기씨당에 굉장한 영험이 있어서 소원을 빌면 소원이 성취되었다는 것이다.

그리고 이 마을의 처녀가 결혼을 하면 신랑이 처가에서 삼년 이상을 살다가 첫 아기를 낳은 후에 시댁으로 돌아가야지 만약 이를 지키지 않았을 때는 풍파가 있어 다시 왕십리로 돌아와서 살았는데, 이는 왕십리 다섯 아기씨들이 왕십리에서 태어난 사람들이 타동네 밖으로 나가 사는 것을 싫어했기 때문이라고 한다.

행당초등학교(320번지 2호)가 세워지기 이전에는 이곳에 일제가 아편중독자 수용소를 만들었으며, 당시 이 부근에는 유실수 묘苗포장이 대규모로 조성되어 많은 사람들이 이곳에 고용되었다.

따라서 이곳에서 일한 품삯을 받으려고 도장을 찍는 행렬이 장사진을 이루었기 때문에 이곳에는 「도장골」이라는 별칭도 생겨났다고 한다.

서울 성동구 홍익동 지명의 유래

단군의 건국이념이 동명이 되었던, 홍익동弘益洞.

「마장로」 좌우에 위치한 홍익동은 우리 민족의 시조인 단군의 건국이념이 「홍익인간弘益人間」인 것에 착안하여 제정된 것이다.

홍익사상은 우리 역사 속에 면면히 흘러 오늘날까지 조종祖宗이 되는 지도이념이다.

서울 성동구 금호동 지명의 유래

금金과 물水에서 얻은 지명, 금호동金湖洞

응봉산(120m) 서쪽에 위치한 금호동 1가는 무수막, 즉 수철리水鐵里를 한자음화해서 「금金」은 철에서 나오고 「호湖」는 수水에서 인용되어 금호동이 되었다.

이곳을 무수막, 무쇠막, 무시막이라고 칭하여 수철리라 한 것은 조선시대에 선철銑鐵을 녹여 주조한 무쇠솥, 농구農具 등을 국가에 바치거나 시전市廛에 내다파는 치장治匠들이 모여 살았고 대장간이 많았기 때문이다.

그래서 전에는 「왕십리 배추장수」와 함께 「무쇠골(수철리)솥장수」라고 일컬어 왔다.

금호동 1가는 1751년(영조27)에 간행된 『도성삼군분계총록』에 보면 한성부 남부 두모방(성외) 수철리계水鐵里契로 나타나고, 갑오개혁 때에는 남서 두모방 수철리계 수철리동이라 하였다.

금북시장金北市場이 자리잡고 있는 곳을 논골畓洞(답동)이라고 부른 것은 금호동이 모두 산간지대로써 밭만 있었으나 이곳에만 논이 약간 있었기 때문이다.

또 구 금호극장이 있던 부근을 「바탕개」 마을이라고 하였다. 그 이름의 연원은 이곳에서 나뭇꾼들이 쉬는 마당(바탕)이 있다고 한데서 붙여진 것이라고 한다.

금호동 1가에서 신당동으로 넘어가는 길은 예전부터 험준하여 큰고개(대현) 또는 무쇠막고개, 수철리고개, 금호동고개라는 많은 이름이 붙어 있었다.

「큰고개」라는 이름의 유래는 금호동에 여러 고개가 있지만 이 고개가 가장 크기 때문에 부르게 된 것이라 한다.

서울 성동구 용두동과 답십리 지명의 유래

용두동(용의 머릿동)과 답십리(넓은 들이 십리까지 뻗친 곳)를 합한 동명, 용답동龍踏洞.

청계천 하류지점의 동쪽에 위치한 용답동의 동명은 용두동龍頭洞 지역과 답십리동踏十里洞 지역의 일부를 통합하여 새로운 동을 만들면서 용두동의「용」자와 답십리동의「답」자의 머리글자를 따서 만든 것이다.

「용답」이라는 동명의 연유가 되는 용두동과 답십리동은 조선시대 서울의 동부 인창방 지역으로, 용두동은 그 곳에 용의 머리와 같이 생긴 산이 있어 얻어진 동명이요, 답십리동은 왕십리와 거의 같은 의미의 동명으로 도성 밖 10리 거리에 있어 얻어진 이름이다.

서울 성동구 응봉동 지명의 유래

응봉동의 어머니 산 응봉산이 사나운 매를 닮았다 하여 얻은 동명, 응봉동鷹峰洞.

응봉산

응봉산 남쪽 경사면에 위치한 응봉동의 동명은 이 산의 이름을 따서 붙인 것이다. 응봉의 산 이름은 산 모양이 매鷹처럼 보이기 때문에 붙여졌다고 하며, 또는 조선시대의 역대 왕이 이곳에서 매 사냥을 하였기 때문에 매봉이라 했다고 한다.

응봉동은 조선 중기 1751년(영조27)에 나온 수성책전守城冊全「도성삼군분계총록都城三軍分界總錄」에 의하면 한성부 나부 두모방(성외) 신촌리로 칭하였다.

갑오개혁(1894)때 문서에 의하면, 이곳의 동명이 남서南署 두모방 신촌리계 신촌리동으로 되면서 행당동 지역은 분리되었다.

조선이 일본에 강점된 후 일제는 1911년 4월 1일, 5부 8면제 실시에 따라 두모방豆毛坊이 두모면豆毛面으로 바뀌면서 잠시 이곳을 경성부 두모면 신촌리라 하였다 한다.

응봉동을 조선시대에 「신촌」 즉 「새말」이라고 부르게 된 까닭은

「살곶이다리」 부근에 있던 집 10여 호를 매봉 밑에다 새로 터를 잡아 이전하였으므로 새말, 또는 한자로 신촌新村이라고 하였다.

이 동의 북서쪽에 금호동 1가, 행당동과 경계가 되는 산은 매봉(鷹峰: 해발 약120m)으로 큰 매봉이라 하고, 남서쪽에 아파트가 세워져 있는 매봉(95.3m)을 작은 매봉이라고 하는데 옥수동 북서쪽의 산도 응봉(175m)으로 칭하고 있다.

응봉은 조선을 건축한 태조가 한양에 도읍하기 전에도 동교東郊에서 매를 놓아 사냥 했고, 그 후 태종·세종 때도 이곳에서 매사냥을 하여 태조때부터 성종때까지 100여 년간 151회나 매사냥을 했던 기록이 있다.

응봉동의 용비교龍飛橋 부근의 한천변漢川邊은 조선시대에 「입석조어立石釣魚」라 하여 경도10영京都十詠 중의 하나로 손꼽던 명승지였다.

현재는 경원선철도 등으로 옛 모습을 찾아볼 수 없으나 작은 매봉 아래쪽에는 암석이 강을 향해 깎아지른 듯 하여 절경인 데다가 뚝섬 강물과 전관천 물이 합류하는 곳이므로 천연의 낚시터였다.

『동국여지승람東國輿地勝覽』권1에도 「입석포立石浦는 두모포豆毛浦 상류에 있다」고 하였으니 이 부근을 입석포라 칭했음을 알 수 있다.

입석을 이곳 주민들은 선돌 또는 선바위라 칭하는데 바위 크기는 어른 키의 3~4길이나 되었다.

이 입석에는 가끔 여인들이 와서 아기를 갖게 해

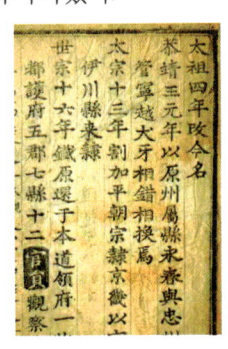

동국여지승람

달라고 치성을 드리며 절을 하였고 동네 아이들의 놀이장소로도 사용되었다.

또한 응봉동에서는 BC 700년경의 청동기시대 거주지와 유물이 발견되었다.

1930년에 일본인 횡산장삼랑橫山將三郞이 발견하였는데 주위에 배수구가 둘러진 집자리와 함께 토기로는 우각형牛角形 손잡이가 달린 고구마형토기, 돌대토기突帶土器, 낫형석도石刀, 반월형석도, 삼각형석도, 돌도끼, 유구석부有溝石斧등이 출토되었다.

물론 혼합유적이지만 유구석부의 존재가 그 시기를 후기 청동기까지 끌어내리고 있다.

그리고 경원선을 이용한 청량리역과 용산역을 왕복하는 응봉역 전철이 있고,「독서당길」과 성수대교로 이어지는「응봉로」가 지나고 있어 교통이 편리하며 응봉역 부근에는 광희중학교가 중구 흥인동에서 이전해왔다.

이 학교 서쪽에는「연당蓮塘」이란 연못이 있었으나 메워서 공장을 세웠고, 성수교가 지나가는 도로 아래쪽에는「부군당府君堂」이 있다.

「부군당」은 한국전쟁때 전소되어 다시 건립한 것으로 제사를 지내고 있다. 이곳은 조선시대때 각처에서 날래고 힘센 장사들을 모집하여 비각飛脚으로 대기시켰다가 왕명이나 공문을 각 지방에 전달하게 하였는데 일제는 이곳에서 장사가 출현하는 것을 막기 위해 응봉 정상에 쇠말뚝을 박았다고 전한다.

서울 성동구 왕십리동 지명의 유래

무학대사의 십리행 이야기를 간직한 동명, 왕십리동往十里洞

상왕십리동은 왕십리 위쪽에 자리 잡고 있어 일제가 상왕십리로 칭하면서 동명이 제정되었다.

왕십리라는 이름은 조선초에 무학대사가 도읍을 청하려고 이곳까지 왔다가 한 노인으로부터 10리를 더 가라는 가르침을 받았다고 해서 유래되었다고 한다.

상왕십리지역은 조선 초부터 한성부 성저십리城底十里에 속하였는데, 1751년(영조27)에는 한성부 동부 인창방(仁昌坊: 성외) 왕십리였고, 조선말 1865년

무학대사

(고종2) 『육전조례六典條例』에 의하면 왕십리 1계로 나뉘었으며, 갑오개혁 때 왕십리계往十里契로 다시 통합되었다.

1946년 10월 1일 일본식 동명洞名을 없앨 때 상왕십리정은 상왕십리동이 되었다.

이어서 1975년 10월 1일 서울시의 구역조정으로 「난계로蘭溪路」 (구 배명중~보문동~돈암동) 서쪽의 상왕십리동은 중구에 편입되어 현재 황학동에 속하게 됨에 따라 종전보다 크게 축소되었다.

조선시대에 이곳에 우물이 많은 관계로 상감정동上甘井洞, 하감정동下甘井洞, 판정동板井洞·두정동斗井洞 등의 마을 이름이 있었다.

이 지역은 조선 초부터 한성부에 속했지만 도성 안의 경우처럼 인구가 조밀하고 거리가 번성한 것은 아니어서 이 일대를 「왕십리평往十里坪」 또는 「왕심평往尋坪」이라고 불렀는데, 이것은 왕십리 들판이라는 말이다.

그러므로 인가人家가 드문 이곳 주민들의 생업은 대부분 농업이었다. 한국전쟁 전까지만 해도 왕십리 일대의 주민은 반농반상半農半商을 하는 사람들이었다.

따라서 이곳 일대를 일명 진퍼리(진펄)라고 부른 것도 질펀한 들에 있는 마을이라 하여 붙여진 이름이다.

성현成俔의 『용재총화慵齋叢話』에 「동대문 밖 왕심평往審坪은 순무·무·배추 등 야채류의 산지이고, 청파·노원 등의 역이 있는 일대는 토란의 산지이며, 남산의 남쪽에 위치한 이태원 사람들은 다요茶蓼를 심고 홍아紅芽를 경작한다」라고 소개하고 있어 왕십리지역이 서울 사람들에게 채소공급지였음을 알 수 있다.

또한 조선말까지 왕십리枉尋里는 이태원 마을과 함께 군인부락이었다.

즉 조선말 임오군란을 기회로 서울에 주둔한 청군은 심야에 이곳과 이태원을 급습하여 양민을 살육하고 150여명의 구舊 한국군인들을 체포하였다.

그 밖에도 왕십리 일대에는 한국전쟁 전까지도 겨울철이 되면 빈터에 땅을 파서 움집을 만들어 「깊은 사랑」이라고 칭했는데, 이는 오늘날 경로당과 유사한 것이었다.

왕십리 아래쪽에 자리했다하여, 하왕십리동下往十里洞.

무학봉無鶴峰 아래에 위치한 하왕십리동은 일제시대 때 왕십리 아래쪽에 자리 잡고 있다하여 제정된 동명이다.

하왕십리지역은 앞의 상왕십리동의 연혁과 동일하지만 1914년 4월 1일 경성부 인창면에 속해 있던 이문동里門洞, 서지동瑞池洞, 칠괴동七槐洞·상대정동上大井洞, 하대정동下大井洞, 편교片橋, 개정동蓋井洞, 양지동陽地洞, 왕십리 2계往十里二契, 무학동舞鶴洞, 심정동深井洞, 당현동堂峴洞, 장등리長登里와 두모면豆毛面 내의 무학단지동舞鶴端池洞 등을 통합하여 경기도 고양군 한지면 하왕십리로 하였다.

조선시대에 왕십리지역은 채소가 많이 재배되었지만 또한 가내공업이 발달하여 주머니끈, 즉 끈목이 유명하였고,『한경지략漢京識略』권2를 보면 현방懸房, 즉 쇠고기·돼지고기를 파는 푸주가 있어서 서울시내에 육류를 공급했던 것을 알 수 있다.

하왕십리동에서 홍익동으로 넘어가는 고개에는 현재 대로가 뚫려 마장로馬場路라고 하지만, 옛날에는 고개가 길어「긴마룻재長峴」라고 불렀다.

무학봉 산 위에는 태고종太古宗 청련사靑蓮寺가 있다. 이 절은 신라 827년(흥덕왕2)에 창건하였고, 1395년(태조4)에 무학대사가 중건하였다고 하는데 한국전쟁 때 소실되었다가 1965년에 복원하였다.

일설에는 한양을 도읍으로 정할 때 태조太祖와 무학대사가 무학봉에 올라 경복궁터를 잡았다고 한다.

그리고 절터를 병화불침지兵禍不侵地인 이곳에 정하면서 예언하기를 「무학봉 산 위에 큰 물이 고이면 이곳이 크게 번성하리라」고 하였다.

그리하여 주민들은 현재 대현산 배수지가 설치되었음은 그 예언이 적중한 것이라고 한다.

이 절은 처음에 안정사安靜寺 또는 안정사安定寺라고 칭했는데, 이 절 앞에는 활터射亭가 있었다.

일제시대때 독립운동가 김상옥 의사가 1923년 1월에 종로경찰서를 폭파하고 후암동에 은거하다가 발각되자 남산을 넘어서 이 절에 은신한 일이 있었다.

이 절이 있는 골짜기에는 많은 무당들이 살고 있었으며, 1925년 을축년乙丑年 대홍수때 강남의 압구정동 주민들이 수해를 피해 하왕십리제2동에 많이 정착했다고 한다.

청련사 부근에는 무학대사가 수도하던 바위터가 있었고 주변에는 송림이 울창하였다.

그러나 현재는 주택이 세워져 찾을 길이 없고, 대원사(왜절) 아래쪽의 폭포도 자취를 감추었다.

성현成俔   1439년(세종21) ~ 1504년(연산군10) 조선 초기의 명신·학자. 자는 경숙磬叔, 호는 용재慵齋·부휴자浮休子·허백당虛白堂, 시호는 문재文載, 본관은 창녕, 지

성임의 글씨 홍화문 현판

중추부사 염조念祖의 셋째아들, 이조판서 임任의 동생, 진사를 거쳐 1462년(세조8) 문과에 급제, 예문고나에 들어가 홍문관정자를 겸임, 대교待敎를 거쳐 사록司錄으로 발영시拔英試에 뽑혔다.

예종이 즉위하자 경연관經筵官이 되어 경사를 강론하였다. 그 후 예문수찬·승문교검을 겸임, 맏형 성임을 따라 연경燕京에 갔을 때 기행시「관광록觀光錄」을 지었으며, 중국학자들의 탄복을 받았다.

1474년(성종5) 지평을 거쳐 특히 성균 직강에 임명, 그 이듬해 한명회韓明澮를 따라 또 연경에 다녀와 중시重試에 급제, 직제학이 되었다.

앞서 팔조八條의 봉사封事를 써 올려 성종의 칭찬을 받았다. 대사간에 오르고, 대사성·동부승지·우승지·관동안렴사를 거쳐 평안감사 등을 지낸 뒤대사헌·경상감사·예조판서를 역임하였다.

성종이 죽고 빈전도감제조殯殿都監提調·한성판윤·양관의 제학을 역임, 공조판서가 되어 대제학을 겸하였다. 저서 허백당시문집 虛白堂詩文集, 보집補集, 풍아록風雅錄, 부휴자담론浮休子談論, 주의奏議, 용재총화慵齋叢話, 금낭행적錦囊行跡, 악학궤범樂學軌範, 상유비람桑楡備覽, 경륜대궤經倫大軌 문헌 海東名臣錄.

서울 성동구 사근동 지명의 유래

낡고 오래도니 사찰이 있었기에 얻은 지명, 사근동沙斤洞.

성동구 사근동은 청계천을 끼고 있는 사근동의 동명은 신라 때 세워진 매우 낡은 사근절沙斤寺이 현재 한양대학교 축구장 부근에 있었기 때문에 유래되었다.

조선 초부터 한성부 성저십리城底十里에 속했던 사근동은 갑오개혁때 처음 한성부동서 인창방(성외) 사근리로 나타났다.

사근동의 대부분은 한양학원漢陽學園이 자리잡고 있다고 할 수 있다.

전관교

이 동의 남쪽(102번지)에는 유명한 전관교(箭串橋: 살곶이다리 또는 살꽂이다리)가 놓여 있으며 중랑천과 청계천이 합류하여 전관천은 한강으로 흐른다.

살곶이다리는 사적 제160호로, 조선초 서울에서 광주 등을 통해 3남지방으로 나가는 주요 도로에 놓여진 다리로 가장 긴 석교石橋였다.

살곶이다리 아래로 흐르는 물은 중랑천과 청계천의 합류로써 그 명칭을 「한내漢川」 또는 「전관천箭串川」으로 부른다. 또한 하수처리장이 설치되기 전에는 서울과 의정부시에서 배출되는 하수와 공업용수로 극히 오염되어 있었다.

이 다리 부근에는 조선초에 도요연桃夭淵이라는 깊은 연못이 있어서 살곶이 목장에 있는 말의 음료수로 사용되었다고 전하며, 양마장養馬場이 있었기 때문에 살곶이다리 서쪽 언덕 위에는 말의 전염병을 예방하기 위해 만든 마조단馬祖檀이 있었다.

사근동의 동쪽 청계천변(190번지2)에는 이 마을의 부군당府君堂인 남이南怡장군의 사당이 세워져 있다.

남이장군 추모비

이곳에 사당을 세운 것은 아차산에서 이곳까지 백호白虎가 출몰하여 인명을 해쳤으므로 남이장군이 이 백호를 잡기 위해 사당 부근에서 기거하며 지키다가 마침 나타난 호랑이를 맨주먹으로 포살하였기 때문에 주민들이 그를 기려 사당을 세운 것이다.

얼마 전까지도 사근동은 미나리와 채소가 많이 재배되던 곳이었으며, 현재 한양대학교가 세워진 곳에는 「치마바위」라고 하는 치마를 두른 모양의 큰 바위가 있다.

이 치마바위는 일제시대때 도로 확장 시 폭파되었는데 바위에서 붉은 피가 흘러 공사를 중지했다는 설도 있고, 또 이곳이 풍수지리설에 의하면 화산이 되므로 화재예방책으로 이 바위에 검은 칠을 했다고도 한다. 현재 이 바위 위에는 한양대학교 미술대학이 세워져 있다.

권람의 신도비

유자광의 묘

남이南怡는 1441년(세종23) ~ 1468년(예종 즉위) 조선 세조 때의 장군이었고, 본관은 의령이고, 의산군宜山君 태종의 외증손, 분份의 아들, 좌의정 권람權擥의 사위였다. 1457년(세조3) 17세에 무과에 급제하여 세조의 총애를 받았다.

1467년(세조13) 이시애李施愛의 반란이 일어나자 출전하여 용명을 떨쳤고, 건주위建州衛를 정벌할 때에도 선봉으로 적진에 들어가 적을 무찔렀다.

적개敵愾공신이 되고 훈勳 1등에 책록되어 26세의 나이로 병조판서가 되었다. 이때에 한계회韓繼禧는 종실이나 외척에게 병권을 주는 것은 부당하다고 간하였고, 예종이 즉위하자 유자광柳子光의 무고로 옥사獄事가 일어나 처형되었다. →남이의 옥. 문헌 昭代紀年

서울 성동구 송정동 지명의 유래

숫말목장에서 솔마장率馬場으로 현재는 송정동松亭洞

성동구 송정동은 중랑천 하류의 남북으로 걸쳐있는 송정동은 조선시대에 국가에서 숫말을 기르던 목장이 이 일대에 있었으므로 숫마장이 변음되어 솔마장率馬場벌이라 하던 것이 전음된 것이라 추측된다.

이것은 옛날 전관평 일대가 목마와 깊은 관계가 있던 곳이고, 동쪽에서 멀지 않은 곳에 암말을 기르던 곳이라 하여 자마장雌馬場으로 호칭되던 동리가 있었다.

송정동은 조선시대 경기도 양주군의 고양주면古陽州面으로 갑오개혁 때에는 한성부 남서 두모방(성외) 전관계라 하였고, 대한제국 때에는 전관계 장내능동場內陵洞이라 하였다.

송정동에 있는 「내 박배」라고 불려온 마을이름은 뚝섬과 장안평에서 기르던 국마國馬를 한군데서 재우기 위해 내성內城을 쌓고 밤이면 그 성의 문안으로 넣었는데, 「박배안」은 곧 그 성 안에 대문이 있던 곳을 의미하는 것이라 한다. 그리고 송정동에서 멀지 않은 「장안평長安坪」이란 이름도 국마를 기르던 양마장 안쪽에 있는 벌이란 의미에서 「마장 안 벌」로 부르던 것이 「장 안벌」로 약치되고, 그것이 한자로 전음되어 「장안평」으로 되었다는 것이다.

송정동의 남서쪽에 중랑천과 청계천이 합류하는 곳을 흔히 중량포中梁浦라고 하고 중랑포中浪浦, 충량포忠良浦라고도 표기해 왔다.

이는 두 갈래의 물이 내려와서 모이고 물가가 넓기 때문에 포구浦口라는 뜻의 포浦자를 붙여 부르던 것으로 보인다. 옛 문헌에 의하면 「백악白岳, 인왕仁旺, 목멱(木覓: 남산)의 여러 골짜기 물이 모여 동쪽으로 흘러서 도성을 가로질러 지나고 새 수구水口를 나가 중랑포로 들어간다」고 하였고, 「개천은 그 근원이 인왕산 동쪽에서 와서 도성 안 및 남북산 여러 골짜기의 물을 합하여 동쪽으로 흘러가 중랑포로 들어간다」라고 씌어 있다.

조선 초기 세종은 낙천정(樂天亭: 현 자양동)에 있는 상왕 태종을 뵈러 가는 길에 중랑포에서 쉬어가거나 주연을 베풀었다고 한다.

이 일대는 과거에 논, 밭의 작물이 잘 자라서 농사가 성황을 이루었다.

또 그 후에도 국마를 기르는 전관평의 좋은 토질을 이용하여 관리 또는 민간인이 금역禁域을 침범해가며 농사지은 사실이 여러 문헌에서 보인다.

서울 성동구 성수동 지명의 유래

성덕정聖德亭과 수원지水源池, 성수동聖水洞

성동구 성수동은 한강과 한천漢川을 끼고 있는 성수동은 이곳에 있던 성덕정聖德亭과 수원지水源池의 머릿글자를 각각 따서 성수동이라 하였으며, 성수동의 서쪽지역을 1가, 동쪽지역을 2가로 명명한 것이다.

성수동 1가는 조선중기 1751년(영조27)에 간행된 수성책전守城冊全 『도성삼군분계총록』에 의하면 한성부 남부 두모방(성외) 전관 2계箭串二契의 전관동으로 호칭되었다. 갑오개혁 때에는 남서 두모방 전관 2계의 전광동이었다.

성수동 일대는 조선시대에 뚝섬纛島, 살곶이벌箭串坪, 동교東郊, 전교箭郊로 칭해졌고 『동국여지승람』에는 동쪽에서 오는 한강이 둘러 서쪽으로 흐르고, 북쪽은 중랑천이 서쪽으로 흐르는 한강과 합류하는 중간에 있으므로 자연히 평야로 형성되었다고 하였다.

따라서 이곳은 풀과 버들이 무성하여 조선초부터 말을 먹이는 목장이 되었고, 또는 군대의 열무장閱武場이 되어 경도10영京都十詠의 하나로 꼽아 「전교심방箭郊尋訪」이라 하였다.

뚝섬 일대는 조선 태조때부터 임금의 사냥터였고 또 임금이 무예를 검열하던 곳으로 노량진, 망원리望遠里와 더불어 무예를 점검하러 자주 행차하였는데, 그 때마다 임금의 행차를 알리는 뚝기纛旗를

살곶이다리 안내문

세웠다.

그리고 이곳의 지형은 3면이 강으로 되어 마치 섬 모양과 같다고 하여 뚝기를 세운 섬이라는 의미로 뚝섬·둑섬 또는 한자음으로 뚝도 纛島·둑도라고 했다.

성수동 1가와 행당동 사이를 흐르는 한천에는 살곶이다리箭串橋가 있다. 이 다리는 조선시대 서울에 놓여진 가장 큰 석교이며 사적 제160호로 지정되어 있다.

살곶이다리(전관교)라고 부르게 된 까닭은 이 일대가 살곶이들(전관평)이라고 부른데서 연유되었으나, 기록에 의한 공식명칭은 제반교 濟盤橋이다.

이 다리는 광나루를 지나 강릉으로 가거나 잠실을 거쳐 광주로 나가고, 뚝섬나루를 건너 삼성동으로 가는 세 곳의 길목이다. 따라서 1420년(세종2)에 이 다리를 가설하기 시작했으나 본격적인 공사는 성종 때 시작해서 중종 때 완공된 것으로 추정된다.

『용재총화慵齋叢話』에는 「어느 중이 있어서 살곶이다리를 놓을 제 돌 10,000석을 캐다가 큰 내를 가로 질러 다리를 놓았는데 그 다리가 300여 보步나 되었으며 튼튼하기가 큰 집덩이 같아서 건너다니는 사람들이 평지를 밟는 것 같았다」고 하였는데, 최근 이 다리를 실측한 결과 길이가 95.75m, 폭 6m로 나타났다.

살곶이다리 서북쪽에는 여행자들을 위한 살곶원箭串院이 세워져 있어 서울 주변의 이태원, 홍제원, 보제원普濟院과 같이 숙식을 제공하였다.

성수동 1가 110번지의 「천주교 성당자리」는 경기도 고양군에 속하였을 때에는 뚝도면사무소 자리였고, 조선시대에는 「성덕정聖德亭」이 있던 자리로 임금이 가끔이 정자에 나와 말 기르는 것과 군대의 연무鍊武하는 것을 사열했던 곳이다. 이곳에는 약500~600년 정도 되는 느티나무 한 그루가 서 있다.

서울 성동구 도선동 지명의 유래

도선대사道詵大師의 수도처였기에, 도선동道詵洞

성동구 도선동은 「고산자로」와 「왕십리길」을 끼고 있는 도선동은 통일신라때 비기도식설秘記圖識說을 주장한 도선대사道詵大師의 이름을 따서 제정된 것이다.

도선동이란 동명은 도선대사가 무학봉에서 수도했다는 전설이 있으므로 동명을 정했다고 하며, 다른 하나는 조선 개국 때 무학대사가 태조의 명으로 도읍지를 물색하던 중 왕십리에 와서 지세를 살피고 있을 때, 소를 타고 지나던 노인이 무학대사에게 서북쪽으로 10리를 더 가라는 지시를 하였는데, 바로 이 노인이 신라말의 도선대사로서 그가 현영顯靈하여 무학대사에게 가르쳐 주었다는 것이다.

이 전설에 따라 주민들은 도선대사의 이름을 빌어 1959년부터 이 지역을 도선동이라고 하였다. 도선동은 1964년 9월까지 하왕십리동의 일부였으므로 그 이전의 연혁은 하왕십리동과 같다.

도선대사

다만 갑오개혁 때의 문서에 의하면 한성부 동서東署 인창방(仁昌坊: 성외) 왕십리계 내의 22개 동 중에서 단지동端池洞이라고 칭하던 곳으로 고증된다.

도선道詵은 827년(흥덕왕2)~898년(효공왕2)

신라 말기의 승려, 속성俗姓은 김金, 영암靈巖 출신, 15세에 중이 되어 월유산月遊山 화엄사華嚴寺에서 대경大經을 공부하여 바로 대의大義에 통하니 수많은 불학도들이 신신으로 추앙하였다. 846년(문성왕8), 그 후 수도행각修道行脚에 나서서 동리산桐裏山에 혜철惠徹대사를 찾아 소위 무설설無設設·무법법無法法을 배워 크게 깨닫고, 23세에 천도사穿道寺에서 구계(具戒: 불교의식)를 받았다.

도선은 운봉산雲峰山에다 굴을 파고 불도를 닦고, 태백산 앞에 움막을 치고 여름을 보내면서 수도생활을 하다가 드디어 희양현曦陽縣 백계산白鷄山의 옥룡사(玉龍寺)에 자리잡고 거기서 생을 마칠 뜻으로 말없이 수양하였다.

헌강왕이 그의 명성을 듣고 사람을 보내 궁중으로 모셔가니 도선은 왕에게 여러가지 정신적 영향을 주었으나 얼마 후 다시 산으로 돌아왔다.

그의 음양지리설陰陽地理說과 풍수상지법風水相地法은 고려·조선을 통하여 크게 영향을 준 학설이다.

죽은 후 효공왕은 요공선사了空禪師라는 시호를 내렸고, 제자들이 스승을 기념하여 옥룡사에 세운 탑은 증성혜등證聖慧燈이라 명명命名되었다.

고려 숙종은 대선사大禪寺를 추증, 숙종은 왕사王師의 호를 추가 하고, 인종은 선각국사先覺國師로 추봉追封, 의종은 비를 세웠다. 문헌 高麗史, 東文道, 道說本회.

도선대사비각

서울 강북구 미아동 지명의 유래

극락으로 가는 길, 미아동

'미아리 눈물 고개/ 님이 넘던 이별 고개'. 작사가 반야월 선생이 한국전쟁으로 가족을 잃은 슬픔을 담아 쓴 곡 <단장의 미아리 고개>. 곧 장이 끊어지는 아픔이 서린 곳이란 의미다. 시대 지난 유명가요 때문인지 미아리 고개는 애잔하고 구슬픈 감정을 상징한다.

당시 고개는 남한과 북한의 팽팽한 힘겨루기가 이어지던 전쟁의 최전선이었다.

'철사 줄에 몸이 묶인 채' 인민군에게 끌려간 사람들의 가족들이 배웅할 수 있는 마지막 장소였던 것이다.

병자호란 때는 흔히 오랑캐를 낮추어 이르는 말로 '되놈'이 넘어 오는 고개라 하여 '되너미 고개'라 부르기도 했다. 지금의 돈암동은 '되너미'와 음이 비슷한 한자로 고친 것이다.

이쪽 지역과 저쪽 지역의 경계를 이루는 것이 고개지만 '미아'란 지명이 갖는 의미는 그래서 더 의미심장하다.

미아동 지명에는 다양한 유래설이 있다.

가장 유력한 이야기는 원효대사가 창건한 미아사(彌阿寺)란 절에서 지명이 유래했다는 것이다. 원래 절의 이름은 '미타사'였지만 후에 무학대사가 '미아사'로 이름을 바꿨고 그에 따라 지명도 '미아동'이 되었다.

또한 '미타사'는 '아미타불'에서 파생된 말로 한때 이 지역을 '아미리'라고도 불렀다. 아미는 불교 용어 '나무아미타불'에서 따온 말로 극락을 의미한다.

일제 강점기에 일본인들이 지명 체계를 만들던 중 문자가 뒤섞여 아미리가 미아리로 바뀌었다는 것이다.

하지만 미아동이 공식적인 역사 기록 나오는 것은 겨우 고종 초기 기록에서다 일제가 정한 묘지 규칙에 의해 미아동으로 넘어가는 고개 아래에 공동묘지를 마련했다.

'미아'는 저승으로 넘어가면 다시는 이승으로 돌아올 수 없다는 의미의 불교 용어다.

공동묘지로 향하는 상여와 곡소리는 끊이지 않았고 사람들은 이곳을 저승으로 가는 한이 서린 고개라 생각한 것이다.

북쪽의 오랑캐들이 서울로 들어오는 길목으로, 한국전쟁의 최전 방어선으로, 이승과 저승의 기로였던 미아리 고개, 역동하는 시대의 흔적이 고스란히 남아있는 미아동은 그 자체로 시대의 박물관이다.

미아동으로 넘어가는 미아리 고개 근처에는 지명이 의미하는 신성함 때문인지 미아동에는 점성술 철학원이 밀집돼 있다. 모두 맹인 점술가들로 모인 것이 특징이다.

말 그대로 마음으로 앞을 보는 사람들이다. 근현대 문화유산으로 '서울 속 미래유산'에 지정해 이곳을 보존할 예정이라고 한다.

점성촌을 따라 미아리고개 얽힌 이야기로 조성한 벽화도 인상적이다.

'미아리고개는 215m 한 장짜리의 역사책'이란 말대로 역사 속의 미아리고개를 판화 그림과 글로 풀어 놓았다. 이곳을 지날 때면 살아있음에 감사하는 것이 역사의 소용돌이에 휩쓸린 수많은 영혼에 대한 도리일 것이다.

서울 동작구 지명의 유래

동작구銅雀區와 한강漢江

서울의 관문關門인 동작구하면 '동재기나루'가 연상되고 한강이 연상된다. 노들강[노강鷺江]이 곧 한강의 뜻이니 길고 긴 한강 젖줄의 중심지도 노들이 되는 셈이다.

한강 · 노들[노량鷺梁] · 용산龍山 · 서강西江 · 마포麻浦 · 현호玄湖를 일러 오강五江이라 이른다.

이 중에서도 노들나루는 강원도 정선이나 인제 등에서 오는 뗏목(배)이 마지막으로 선착하는 곳이며, 유명한 정선아라리 민요권의 종착지도 이곳이었다.

그리하여 이곳에는 목재업과 조선업이 발달하였던 것이다. 그야말로 한강의 수로교통水路交通의 요충지였을 뿐 아니라 서해안과 한강하류를 통하여 호남 · 호서의 양호지방兩湖地方과 황해도 · 평안도의 양서지방兩西地方의 물자가 한양으로 운송되고, 한강의 상류인 남한강 · 북한강을 통하여 충청북도와 강원도의 물자가 한양으로 운송되었다.

더구나 한강은 그에 이어지는 낙동강과 아울러 조선시대 물산의 최대 생산지인 영남지방과 최대의 소비지인 서울을 연결하는 대동맥으로서 그 기능의 비중이 높았다.

뿐만 아니라 한강 유역에는 광주廣州 · 여주驪州 · 충주忠州 ·

원주原州·춘천春川 등 대도회지가 발달하고 있어 사람들의 왕래도 한강의 수로水路를 이용하는 경우가 많았다. 오히려 과거에는 육로陸路보다 수로를 이용하는 것이 시간상으로 편리한 처지였다.

경기도 광주

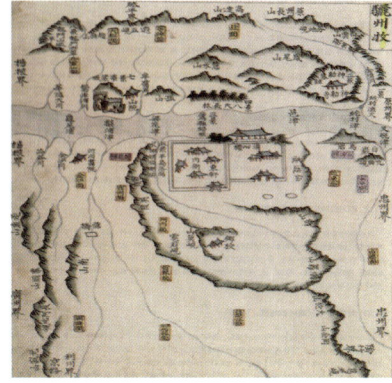
경기도 여주

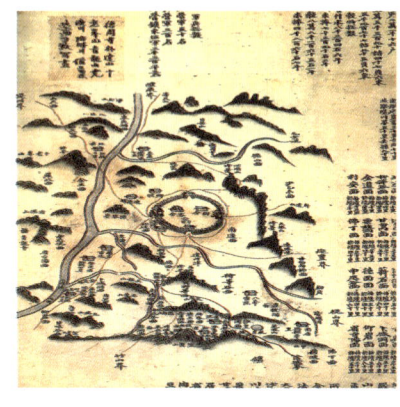
충주

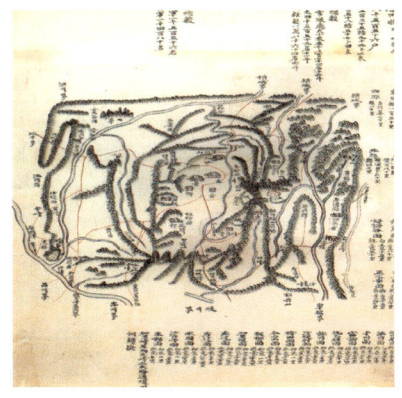
원주

조선 후기의 실학자 이중환李重煥(1690~1752)은 《택리지擇里志》에서 사람이 살터를 잡는 데도 첫째 지세가 좋아야 하고 또 다음은 아름다운 산수가 있어야 한다고 하면서 특히 지세에 있어서는 먼저 물길을 본 후 들판의 형세, 산악山岳의 모양 등을 살펴야 한다고 하였다.

이는 당시 선비들의 공통된 사고였는데, 이 중에서 이중환은 평양·춘천·여주를 살 말한 곳이라고 꼽고 있으니 그 중 두 곳이 한강에 위치하고 있다.

실제로 춘천은 옛 맥국貊國이 도읍했다는 곳으로 북한강의 줄기인 소양강昭陽江이 도시의 복판으로 흘러가므로 땅이 기름져 조선조에 있어서도 사대부들이 여러 대에 걸쳐 많이 살고 있었다.

여주는 남한강변에 위치하고 한양과 100리 거리에 있는데, 지세와 기후가 좋아 양반들의 별장도 있었고 사대부들이 많이 거주하고 있었으며 인접한 이천利川·음죽陰竹(음성, 죽산)·양평楊平의 고을 역시 한강 수로를 이용하고 있었다. 그밖에 충주와 원주도 각기 관아官衙가 있었던 곳으로서 물산이 풍부하고 수운水運에 의해 서울과 교통이 용이하여 사대부로서 이곳에 거처하는 경우가 많았다. 따라서 한양과의 왕래가 빈번했다.

조선 후기의 사례이지만 이벽李檗(1754~1786)이 한강의 수로를 이용하여 마재에서 한양으로 배를 타고 가며 같이 가던 정약용丁若鏞(1762~1836)을 비롯한 여러 사람에게 천주교天主敎를 전도했다는 이야기에서도 한강에서의 수상교통의 일면을 엿볼 수 있다.

정약용 선생의 묘소

이처럼 한강은 인마人馬의 교통로로써 그 역할이 요청되기도 하였지만, 그보다는 운송로로써의 기능이 보다 강조되었다. 자급자족인 경제체제하에서 지방간의 교통이나 원거리 교통이 발달되지 않은 상황이었지만, 중앙집권적 국가였던 조선왕조였기에 국가의 운영을 위하여 각 지역의 농민에게서 징수한 현물지대現物地代로서의 세곡稅穀은 중앙의 경도京都로 운송되어야 했고, 그것은 대규모의 운송작업이었기 때문에 수로연변水路沿邊에 의하지 않으면 안 되었으니, 여기에 조운漕運이 그 대책으로써 제시되었던 것이다.

조운이란 조전漕轉, 해운海運, 수운, 참운站運, 선운船運이라고도 하여 조세租稅로 징수한 미곡·포목 등을 선박으로 운송하는 제도를 말하는데, 국가에서는 조세미租稅米의 수송을 위하여 군과 현에서 거둔 조세미를 그 인근의 수로연변 또는 해안에 설치한 창고에 집적하였다가 일정한 시기에 조선漕船에 실어 중앙의 경창京倉으로 수송하였다.

일찍이 고려시대에도 이들 민간 선운업자들이 세곡운송에 참여하여 나름대로의 항로를 개척한 바 있는데, 조선시대에 이르러서도 그들은 계속 이 업무를 맡고자 하였다.

조선시대 전반을 통하여 한양은 가장 번화한 도시였고 그리하여 한양의 경제적 정치적 위치 때문에 이곳을 관통하는 한강유역은 그 어느 하천유역河川流域보다도 경제성이 높은 곳이었다.

특히 한양 남쪽의 한강은 경강京江이라 하여 서강·마포·용산·송파松坡 등지에는 전국의 중요한 물산物産이 선운에 의하여 이 지역으로 운반됨으로써 경강연변京江沿邊에는 조선 초기 이래로 운수업은 물론 선박으로 상업 활동을 하는 선상업船商業이 발달하였으니, 강상江商 혹은 경강상인京江商人이라 부르는 상인들이 용산·서강·마포 지역을 중심으로 활동하였다.

한강유역을 중심으로 한 경강상인들의 활동은 세곡운송을 통한 운수업에만 한정되지 않고, 선상활동船上活動에 있어서도 그 능력을 보였다.

경강상인들은 서울이라는 최대의 소비도시를 배경으로 미곡·어물·소금·목재 등을 상품으로 하여 선상활동을 폈다. 한강변에 근거를 둔 경강상인들은 선박을 이용하여 전라도·황해도 등의 쌀·어물·소금 등을 구입, 한강변으로 운송하여 서울시내의 시전상인市廛商人에게 공급하였으니, 한강변은 일찍부터 상업의 중심지를 이루고 있었다.

한편 한강은 삼남三南을 비롯한 남부지방과의 왕래에 있어 육상교통으로서는 큰 장애물이었고 서울 북쪽에 가로놓인 임진강은 황해도·평안도 등 북부지방으로부터 서울로 오는 통로를 자유롭게 하지 못하였는바, 이 두 강은 도성방어都城防禦를 위한 자연적인 외곽선은 되었을지 모르나 교통로로써는 많은 지장을 주었다.

그러나 사람들은 교통의 장애를 극복하며 새로운 문화를 창조하여 왔으니, 하천의 장애를 극복한 것이 교량이요, 산악의 장애를 극복한 것이 터널이다.

토목기술이 그렇게 발달하지 못한 상황 속에서 계곡이나 얕은 개천이 아니라 깊고 넓은 하천에 있어서는 다리놓기가 여의치 않았다. 그리하여 일찍부터 배를 이용할 줄 안 사람들은 배를 통하여 강을 가로 건너거나 배다리[주교舟橋]를 놓았다. 강을 건너는 양쪽 지점에는 나루가 이루어졌다.

조선왕조의 주요 간선도로가 통과해야 하는 한강에는 일찍부터 광나루(광진廣津)·삼밭나루(삼전도三田渡)·서빙고나루(서빙고진西氷庫津)·동작나루(동작진銅雀津)·노들나루(노량진鷺梁津)·삼개나루(마포진麻浦津)·서강나루(서강진西江津)·양화나루(양화도楊花渡) 등이 개설되어 있었는데, 특히 광나루·삼밭나루·서빙고나루·동작나루·노들나루는 오강진로五江津路라고 하여 중요 교통로로써 이용되고 있었다.

이들 나루의 도선장渡船場인 나루터를 오가며 사람과 물자를 건네주는 나룻배는 강하江河 양쪽의 통로를 이어주는 최대한의 편의시설이었다.

나루터의 의미로는 흔히 도渡와 진津이 쓰였다.

고려의 체제를 거의 수용한 조선시대에도 진도제津渡制는 거의 그대로 운용되었다. 즉, 서울을 개성에서 한양으로 옮겨 한강의 중요성이 크게 증대된 조선조에 있어서도 국초에는 고려를 계승하여 한강에 한강도漢江渡·양화도楊花渡만을 설치 운영하였다.

그 후 체제가 정비되고 사회가 안정되면서 국가뿐 아니라 서민의 교통시설로서 중요한 진도津渡가 확장 설치되어 갔다. 물론 교통의 요지에 편의에 따라 진津이 설치되고는 있었지만 국가적 관리체계에 포함되는 것은 아니었다.

그러나 태종이 즉위하여 중앙집권체제를 강화하고자 호패법號牌法을 실시, 전국의 인구 동태를 파악하고 아울러 그 이동을 살피기 위하여 진도津島에 별감別監을 파견하게 되니, 이제 진도는 국가적 관리체계로 전환되기에 이른 것이다. 특히 국초에 변란이 자주 일어났으므로 위정자들은 반역자 범죄자 등 위험인물의 단속에 주의를 기울이지 않으면 안 되었다.

그리하여 1414년(태종 14)에 경기관찰사京畿觀察使의 건의에 따라서 종래의 임진도臨津渡 · 낙하도洛河渡 · 한강도 외에 민간인이 임의로 통행하던 한강 일대의 노도鷺渡 · 광진 · 용진龍津 등 진도를 정부가 관장하여 관방關防의 요지로 삼았다. 그리고 범죄인 · 유랑민의 출입을 기찰譏察하니 노도와 광진은 도로 승격시켜 한강도에서와 같이 별감을 두고 업무를 주관케 하였다.

한편, 각 진도는 교통의 매체로서 소정의 나룻배를 보유하고 있었으니 태종 때 신설된 삼전도의 경우는 3척의 관선官船을 보유하고 있었다.

삼전도보다도 크고 통행량이 많은 한강도나 노량진에는 보다 많은 나룻배가 있었으리라고 보는데 당시의 상황을 보여주는 기록은 없다. 조선 후기의 자료를 토대로 각 진도의 선박 수효를 살펴보면 다음과 같다.

즉, 광진에 4척, 송파에 9척, 삼전도에 3척, 신천진新川津에 2척, 한강도에 15척, 노량도鷺梁渡에 15척, 양화도에 9척, 공암진孔岩津에 5척, 철곶진鐵串津에 1척을 배정하였는데, 후에 서빙고진과 동작진의 통행량이 늘어나면서 한강도·노량도에서 각 5척씩 감하여 서빙고진·동작진에도 관진선을 배치하고 있다.

이로 볼 때 경강진도京江津渡의 나룻배는 대체로 63척이었고, 이들을 운항하는 국가관리 체계의 진도는 11개소였음을 알 수 있다.

노량도는 과천현果川縣 북쪽에 있었다고 하는데 현재의 노량진 수원지鷺梁津水源池 부근이다.

시흥始興·수원水源으로 빠져 충청도·전라도로 통하는 대로의 길목으로서 광진도와 함께 태종 때에 처음으로 별감이 배치되고 이후 경강의 4대 도선장의 하나로서 인마의 왕래가 많았다.

별감은 곧 종 9품의 도승渡丞으로 지위가 개칭되었다.

소관의 진선津船은 처음에는 15척 내외가 있었으나, 후에 5척을 동작진으로 이관하여 조선후기에는 10척으로 도선을 담당하였으며, 여기에도 역시 별장別將이 배치되어 금위영禁衛營에서 관리하였다.

노량도는 노도(노도鷺渡·노도路渡)로도 불리웠으며 흔히 노들나루라 하였다. 연산군 때는 이곳을 제외한 모든 진도의 통행을 금하여 행려行旅가 매우 고달팠고, 연료의 채취도 역시 어려웠다고 한다.

한강도·양화도·노량도·삼전도와 더불어 4대 도선장의 하나였던 동작진은 과천현 북쪽 18리에 있었다고 하는데, 현재 반포아파

트 서편 이수천梨水川 입구에 해당하는 곳이다. 예전에는 수심이 깊어 나루 위에는 모노리탄毛老里灘과 기도碁島가 있었다고 한다.

이곳은 남태령南太嶺을 넘어 과천을 지나 수원으로 빠지는 대로의 길목으로써 5척의 진선이 배속되어 있었는데 조선 후기에 발달한 도선장이다.

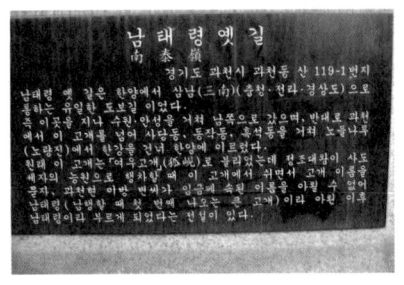

남태령 옛길

묘하게도 이들 나루가 있던 곳에는 현재 대교들이 설치되어 역시 교통을 편하게 하고 있다.

즉, 광진에는 광진교廣津橋와 천호대교千戶大橋, 삼전도에는 잠실대교蠶室大橋, 독도진纛渡津에는 영동대교永東大橋, 두모포豆毛浦에는 동호대교東湖大橋, 입석포立石浦에는 성수대교聖水大橋, 한강도에는 한남대교漢南大橋, 서빙고진에는 반포대교盤浦大橋, 동작진에는 동작대교銅雀大橋, 흑석진黑石津에는 한강대교漢江大橋, 노량진에는 마포대교麻浦大橋, 서강진에는 서강대교西江大橋, 양화진楊花津에는 성산대교城山大橋, 공암진에는 행주대교行州大橋가 각기 개통되어 고금의 통행처는 인간의 생활환경 속에서 이루어지고 그것이 새로운 문화를 창조하고 있음을 주목케 한다.

한강에서 뿐만 아니라 전국 주요하천에서도 나루는 이제 다리로 바뀌어 가고 사공의 뱃노래는 거의 자취를 감추어 가고 있다. 한강을 건너는 교통은 날로 편해지고 있다.

한강유역은 고대로부터 그 중요성이 인식되어 왔으며, 특히 삼국시대三國時代에는 3국간의 쟁탈대상이 되었던 요지였다. 그 후 이곳은 조선왕조가 한양에 도읍을 정함으로써 더욱 주목을 받게 되었고, 한양이 정치·경제 등 모든 면에 있어 중심지 역할을 하는 데 큰 몫을 담당했던 것이다.

조선시대의 한강에는 교량 설비가 제대로 갖추어져 있지 않아서 진津·도渡·제濟 등 나루터가 발달하였다.

경강에 설치되었던 나루터는 대략 광진, 즉 광나루에서 시작하여 양화도를 지나는 한강의 하류 쪽에 주로 위치해 있었다. 광진·삼전도·서빙고·흑석진·동작도·한강도·노량도·두모포·마포·서강·양화도·사천沙川(모래내)·조강도祖江渡 등이 그 중요한 곳이었다.

한강은 이처럼 교통상의 중요성을 지니고 진도로서의 통행도 전담해 주었지만, 또 한편 경제적으로도 매우 중요한 역할을 담당하고 있었다.

그것은 세곡을 비롯하여 서울 도민都民들의 생활필수품을 운반하는 것이었다. 즉 전국의 세곡이 조운을 통해 집결되는 곳이 바로 한강이었고, 서울에 거주하는 지주들이 지방에 소유하고 있는 농장農莊에서 수취收取된 소작료 역시 선박을 통해 이곳으로 운반되었다.

서울 도성인都城人들의 일상 생활용품, 예를 들어 미곡米穀·시목柴木(땔감)·어염魚鹽·광물鑛物·건축용 재목建築用 材木 등도 또한 이곳을 통해 공급되었던 것이다.

이처럼 일찍부터 물화物貨의 집산이 활발했으므로 경강변京江邊에는 이미 왕조초기부터 많은 상인들이 몰려들어 여러 형태와 규모를 지닌 상업을 영위해 갔던 것이니, 특히 사선私船을 이용하여 세곡을 운반하는 운수업과 선상업 등에 종사하면서 자본을 축적하여 갔던 것이다.

그리하여 경강변에는 일찍부터 마포 · 서강 · 용산 · 두모포 · 뚝섬 등지를 중심으로 하나의 중요한 경제권이 형성되어 있었다.

그러나 이처럼 경강변에 근거를 둔 상인들의 활동이 두드러지기 시작하는 것은 18세기 후반기에 이르러 사상도매私商都賣들의 활동이 활발해지는 것과 때를 같이 하면서부터였다. 이것은 조선왕조 후기에 이르러 점차 봉건적인 경제체제가 붕괴되어 가면서 매점상업인 이른바 도매상업都賣商業이란 것이 나타나는데, 이때 전국의 상품생산지와 긴밀히 연결될 수 있을 뿐 아니라 소비시장인 한양과도 가까운 경강변이 바로 이러한 사상도매들의 근거지로 대두되었기 때문이다.

이미 세곡운반과 선상업을 통해서 자본을 축적하고 있던 경강변의 상인들은 이것을 이용하여 전국 각지의 쌀, 소금 등을 매점함으로 해서, 한양의 시전상인市廛商人에 커다란 타격을 주어, 양자사이에는 끊임없는 분쟁이 일어나게끔 되었다.

그러나 이미 사장수공업私匠手工業의 발달과 자유상공업의 발전 등으로 자본주의의 맹아가 싹트고 있던 당시 조선의 실정으로써는 아직도 봉건적인 요소를 가지고 있는 이러한 시전들은 더 이상 그 명맥을 유지할 수 없었던 것이고, 따라서 봉건상업의 붕괴라는 역사적 흐름과 더불어 시전들의 대항을 경제적으로 극복한 한강변의 상인들은 '경강부상京江富商', '경강거부京江巨富', '경강거상京江巨商' 등으로 지칭되는 거상층巨商層으로 성장해 갈 수 있었던 것이다.

그런데 조선 초기 세곡운반에 이용된 사선들이 모두 경강상인들이 가지고 있던 선박들이었는지는 분명치 않다.

그러나 조선왕조 전체를 통해 한강유역이 선운의 중심지였고, 이 곳에서 운행되던 선박들도 관선보다는 사선의 활동이 더 활발했었다는 점 등으로 미루어볼 때, 역시 지방의 세곡 운반에 주도권을 잡게 된 민간선박들은 거의 모두가 경강선박들이었음을 쉽게 추측할 수 있다.

즉, 이들은 경강변의 나루터인 노량진·동작진·한강진·양화진·서강·마포·용산·두모포·뚝섬·삼전도 등지에서 처음에는 조그만 나룻배를 가지고 도강渡江에 종사하거나, 혹은 주막집 주인이나 소상인으로 출발하였는데 점차 치부하는 과정에서 선박을 건조하기도 하고 대선大船을 소유하게도 되었으며, 이 배를 이용하여 서울에 거주하는 양반지주층이 지방에 있는 자신의 토지에서 소작료를 운반해 올 때 그것을 청부받아 운반하여 주다가 결국은 정부의 세곡 운반까지 맡게 된 것이었다.

이에 대한 운임을 받았으며, 따라서 17세기 이후부터 점점 자본을 축적해 가기 시작하였다.

그러나 경강상인들이 곡물 운수업을 통해 치부를 하게 된 것은 정부로부터 정당하게 받은 이러한 선가船價에 의해서였던 것이라기

보다는 오히려 곡물 운반과정에서 여러 가지 부정한 방법을 자행했기 때문이었다.

요컨대 17세기 후반부터 한강변에는 대상帶狀으로 상업이 발달하여 용산·마포·서강·서빙고·두모포 등이 그 중심지가 되었으며, 여기서는 미곡·시목(땔감)·소금의 대량거래와 조선·제빙 등의 제조업도 겸한 자본축적, 정착상인화定着商人化가 도성내의 사상도매들의 성장과정과 발맞추어 형서 발전되어 간 것이었다.

한편 서빙고는 한강을 건너 동작진과 마주보고 있었으며, 이곳 동작진을 통하여 수원으로 가는 도로의 출발점으로 나룻배가 서빙고·동작진간을 왕복하는 곳이니, 이곳을 근거로 하는 강민江民들도 오강상인五江商人의 일부로서 상리商利에 밝지 않았을 리가 없었다.

또 노량·동작진에서는 그곳의 상인들이 대소 어물을 매득買得하여 팔려던 것을 어물시전인들이 난전亂廛이라 칭하면서 억지로 싼 값으로 사려들자 이에 반항하여 사상들에게 더 나은 값을 받고 팔아버렸다는 기록도 있다.

한강漢江의 문화 그 꽃도 아름답구나

한강은 한반도의 중앙에 위치하는 대하大河로서 도도하게 흐르는 수원水源은 그야말로 겨레의 젖줄이며 그 유역으로 펼쳐진 토지를 비옥하게 만들면서도 웅장하고 광활하게 흘러 그 위용을 과시한다.

한강의 모습

　그래서 아득한 옛날 우리 선인들이 이 유역에서 농경생활을 시작하면서부터 신앙의 대상으로 섬겨져 왔고 주로 무속적巫俗的인 제사장祭司長에 의해 화목과 단결, 그리고 식재초복息災招福의 제사적인 향연饗宴으로 베풀어졌다.

　왕권이 강화되기 시작한 백제·신라를 거치는 동안 치제致祭 형식의 의식이 점차 갖추어지기 시작하여 중세사회인 고려시대에는 한재旱災·황충蝗蟲 등이 심할 때마다 금주령을 내리고 전국 명산대천에 무당을 모아 치제케 하는 등, 목적의식을 가지고 행사하였다.

　이때는 무속과 초제醮祭를 병행하였으며, 조선시대로 접어들면서부터 유교이념이 생활화됨에 따라 제사의 목적을 바꾸어 유례풍과 무속풍으로 각각 행해졌던 것이다.

　치제는 수재水災·한재·여역·전쟁·정벌征伐 등 나라에 큰 일이 있을 때와 개인적으로 우환·횡사 등이 있을 때에 행해졌다.

　국가에서 행하는 경우에는 주로 기우祈雨·기설祈雪·기한祈寒 등을 한강변에서 무속과 유례풍儒禮風 중심으로 행하였으며, 민간의 경우는 주로 무속으로 행하였다.

　이와 같이 한강은 농경생활로 정착하면서부터 치제의 대상으로 섬겨져 왔으며 제의식을 행해왔다.

　삼국 중 백제는 한강유역에 도읍을 정하고 마한의 옛 땅을 차지

한 나라로서 풍속에 있어서는 마한의 유속을 계승하였으니 온조왕溫祚王 때 이미 대단大壇을 설치하고 왕이 친히 치제하였다.

고대국가를 확립한 군주인 고이왕古爾王 때에는 삼천에 치제할 때 고취鼓吹까지 사용하였다는 기록으로 볼 때 마한의 가무의 유속遺俗은 축제적인 형식을 갖추었을 것으로 짐작된다.

신라 때에는 전국에 동독東瀆(토지하吐只河, 현 興海), 남독南瀆(황산하黃山河 현 양산梁山), 서독西瀆(웅천하熊川河 현 공주公州) 그리고 북독北瀆을 정하고 사독제四瀆祭라 하여 중사中祀로 치제하였는데 한강은 북독에 해당되었다. 고려시대에는 주로 기우를 위해 역대왕의 치제가 있었으며, 냇가에서 백신百神에게 치제하였는데 왕은 주로 개경開京 근방의 강에서 제사 드렸고 각 지방은 그 지방의 큰 강변에서 제를 지냈으며, 그 이름을 천상제川上祭라고 불렀다.

조선시대에는 명산대천名山大川의 제례祭禮는 춘추중월春秋仲月에, 또 '풍운뇌우악해독風雲雷雨岳海瀆은 춘추중월 상순에 시행한다고 법전에까지 명시되어 있어서인지 역대왕의 기고제祈告祭는 헤아릴 수 없을 정도로 실록에 기록이 많이 보이나 대부분 기우를 위해서 제행祭行되었으며, 무속보다는 주로 유례풍의 의식이 많았다.

그 예로 1482년(성종 13) 5월에 한강에서 무당들이 굿을 했다는 《성종실록》의 기록과 그 이전 1436년(세종 18) 6월에도 무당에 의해 굿을 하였는데 효험이 있어 왕이 쌀을 하사하였다는 세종실록의 기록으로 보아 기고제가 유례풍으로 시행된 것은 성종 이후부터도 추측된다.

민진후 묘비

기우제 등의 차서次序를 정한 것은 1704년(숙종 30)으로 예조판서禮曹判書 민진후閔鎭厚가 전교傳敎를 받들어 대신들과 의논하여 차례를 정하였는데 12차로 하였다.

그 이전에는 오례의五禮儀에 의식이 없어서 예가 자못 잡란雜亂하였다고 한다.

이 12차 가운데 여덟 차례에 걸쳐 한강에서 치제했음을 볼 때, 기우제가 한강을 중심으로 행해졌음을 알 수 있다.

마지막 제차祭次인 오방용신五方龍神에게 치제할 때는 동쪽 교외에 청룡靑龍을, 남쪽 교외에 적룡赤龍을, 서쪽 교외에 백룡白龍을, 북쪽 교외에 흑룡黑龍을, 중앙인 종루鐘樓 거리에 황룡黃龍을 만들어 놓고 관리에게 명하여 치제하는 데 3일 만에 끝낸다.

또 저자도楮子島의 용제龍祭는 도가자류道家者流를 동원하여 용왕경龍王經을 외우게 하였다.

또는 호두虎頭를 양진楊津과 박연朴淵 등지에 던졌다.

성내 모든 부락에는 물병을 놓고 버들가지를 꽂아 향을 피우고 방방곡곡에 누각을 만들어서 여러 아이들이 모여 비를 부르며, 혹은 저자를 남쪽 길로 옮기어 남문을 닫고 북문을 열며, 가뭄이 심하면 왕은 대궐을 피하고 반찬을 줄이고 북을 울리지 않으며 억울하게 갇힌 죄인을 심사하고 중외中外의 죄인에게 사赦를 내린다고 하였다.

1714년(숙종 40) 3월에 가뭄이 오래도록 계속되자 왕이 요양 중인 데도 몸소 거동하여 분향焚香하고 묵도하자 비가 흡족하게 내렸다. 이때 왕은 어제시御製詩를 내렸는데 이르기를,

봄비가 때를 알아 밤새도록 내리니
건곤의 혜택을 만물이 모두 입네
병중에 있으나 백성의 일 어찌 잊으랴
보리농사 풍년들기를 바라는 마음 간절하네

또 기설제祈雪祭라 하여 납臘전에 눈이 오지 아니하면 한강단漢江壇을 비롯해서 남단南壇과 우사단雩祀壇에 치제하였는데, 남단엔 정2품을 보내어 치제케 한 바 있다.

풍수風水란 말은 장풍임수藏風臨水란 말에서 나왔다. 동작구는 이러한 명당明堂자리를 점유하고 있다.

한강을 대안對岸으로 하고 우뚝 솟은 관악산의 공작봉孔雀峰 기슭에 자리 잡은 국립묘지는 호국영령을 모신 곳이다.

특히 국립묘지가 위치하는 이 공작봉은 천변만화千變萬化에 전변기복轉變起伏이 수려하고 원만하여 지맥地脈이 방정方正하고 음양이 분명하며 성진星辰이 합지된 형세로서 한 줄기 한 줄기가 편편주옥片片珠玉으로 형성되어 있다.

이 국립묘지 전체의 형국은 공작장익형孔雀張翼形이다. 다시 말해서 공작새가 아름다운 날개를 잘 펴고 있는 형국이며, 또 장군이 군사를 거느리고 있는 듯한 장군대좌형將軍對坐形이기도 하다.

좀 더 자세히 보면 좌청룡의 세勢는 용이 꿈틀거리면서 강을 결

하여 호위하는 형상이며 우백호의 세는 금기金氣의 호랑이가 머리를 순하게 엎드리고 머무는 형상이고, 안산案山을 보면 호필봉豪筆峰이 멀리 앞면 전체를 감돌아 다정하게 앉은 모양이며, 조산造山은 문필봉文筆峰으로 높이 솟아 양각兩角을 이루어 마치 물소 뿔 모양으로 소년 선동仙童이 달을 희롱하는 형국이다.

또 수세는 서출동류西出東流로 합수合水가 되어 양수합금兩水合襟의 수법水法이 되는데, 특히 한강물은 동출서류東出西流로 명주폭이 바람에 나부끼듯 꿈틀거리며 동작구의 공작봉을 감싸고 흘러내리고 있다.

이와 같이 산수의 명당에 자리 잡은 것이 국립묘지이다.

이밖에 관악산의 한 자락인 삼성산三聖山은 사자형국이어서 사자암獅子庵을 지어 달아나려고 하는 서울의 백호白虎 형국形局을 누르고 있으니 조선조 무학대사無學大師의 슬기가 돋보이고 있다.

한강을 주제로 한 민요는 현재 두 편이 전해진다.

하나는 <한강수타령漢江水打令>이며, 다른 하나는 <한강시선柴船뱃노래>이다. <한강수타령>은 전국적으로 널리 알려진 민요로 서민의 애환, 특히 님에 대한 그리움을 노래한 유흥요遊興謠로 볼 수 있다면, 한강시선뱃노래는 한강을 통해 나무를 실어 나르는 뱃사공의 무사無事와 애환을 그린 노동요로 볼 수 있는 한강 주변의 향토민요라 하겠다.

　
　
한강수라 맑고 깊은 물에
풍덩실 빠져도 애고 나는 못 죽어

(후렴) 에야에야 에헤야
에헤야 에헤야 에헤요
에헤야 얼사마 둥게디여라
내사랑아

너는 죽어 만수청산이 되고
나는 죽어 꾀꼴새 되리란 말가

널랑은 죽어서 모란이 되고
나는 죽어서 에루화 범나비 되잔다

장롱안에 옥양목 버선 있는 것
총각낭군에 에루화 선사감일세

청천강 흘러가는 물에
대동선 타고 뱃놀이를 가잔다

임 어디 갔다 임 어디 갔나
시내 강변에 에루화 빨래질 갔단다

세상만사를 생각하니
창해일속이 에루화 진정 설구나

무정방초는 해마다 푸른데
한번 간 님은 영이별이구나

한강수타령은 굿거리 박자이다.

이 민요는 처음에는 입창立唱이었으나 언제부터인지 좌창坐唱으로 변화되었다고 한다.

특히 가락이 흥겹고 또 춤가락에 맞아 신바람이 절로 나는 민요이다.

한강이라면 서울 사람의 생활과 밀접한 관계를 갖고 있는 즉, 서울을 떼어놓고는 생각할 수 없는 서울의 상징이기도 하므로 한 구절쯤은 서울에 대한 무엇이 있을 듯도 한데 그렇지 못하다.

이 같은 이유는 오랜 세월 속에서 이 지역 향토민요가 가인歌人들의 속요창俗謠唱으로 변모·윤색되었기 때문이다.

또 하나의 특징은 어느 민요에서도 보기 드문 예로 후렴이 본 가사와 같은 길이를 가지고 있다는 점이다.

원래 광복 전까지는 부르는 이가 흥이 나는 대로 가사를 붙여서 불렀다한다. 그래서 그런지 얼토당토않은 청천강이 난데없이 등장하는 것인지도 모른다.

그러나 가락이 좋기 때문에 일반적으로 놀이나 주석酒席같은 데서는 <개성난봉>가 다음으로 이어지는 것이 <한강수타령>이다.

권용정權用正의 《한양세시기漢陽歲時記》 동구조東謳條에는 다음과 같은 시가 보인다.

    닻을 겨우 들을 때에
    배는 이미 떠나니
    물노라 어느날에
    도라오실까

은은한 탐중에
노을음 소리
연한 간장 끊어진지
남들은 어찌알리

바람이 물결을 몰아
뱃전을 치니
가는비 강남에
저물고져 하노라
장년에 키 돌리기 재촉한다
동정산 아래에
태호의 가이로다

18C 학자 유만공柳晚恭의 《세시풍요歲時風謠》에는 노들강변의 민속까지 엿볼 수 있는 자료가 보인다.

붉은 능금 검붉은 마늘이 병든 비위를 낫게 하니
소주는 의당히 불같이 더울 때 먹어야 한다
무한한 오강五江의 삼해주는
서울 아래 만인의 돈을 낭비하게 한다

여름철 찹쌀을 발효시켜 만든 약주가 삼해주三亥酒이다. 노들나루를 비롯한 오강나루터에 오가는 손님들에게 소주(일명 화주火酒·기주氣酒·노주露酒)와 삼해주를 팔았는데 술맛이 너무 좋아서 서울을 오르내리는 사람들이 돈을 많이 쓰게 되어 있다는 내용이다.

이밖에도 《세시풍요》에는 한강가 버드나무와 남산南山의 나무에서 단옷날 색시들이 그네를 뛰었던 멋스런 장면도 찾게 된다.

신무문

신무문神武門 곁 씨름하는 마당에는
건장한 아이들이 서로 쫓으며 노는 것이
마치 미치광이 같도다
이는 한강의 버드나무와 남산의 소나무에서
나는 신선놀이를 하는 색시들이
다투어 나오는 것만 같지 못하다

단옷날 서울 젊은이들은 남산이나 예장동藝場洞이나 북악산의 신무문 뒤에 모여서 씨름을 하여 승부를 겨루었다.

이 씨름대회를 구경하기 위해 많은 사람들이 모여들었는데, 특히 아이들이 씨름구경을 하면서 신바람이 나게 놀았다. 이날 서울의 젊은 여인들은 한강변에 있는 버드나무나 남산에 있는 소나무에 그넷줄을 매고 그네를 뛰었는데, 단오빔을 산뜻하게 차려입고 그네를 뛰는 모습이 마치 신선이 날아오르는 것 같아 젊은이들한테는 씨름구경하는 것보다 훨씬 더 인기가 있었다.

동작구 일대는 버드나무가 지천이어서 그제뿐 아니라 장승을 깎을 때도 그 재목으로 버드나무를 사용하였다.

《세시풍요》 10월 20일조에 노량진 새남터의 무당마을 정경이 뚜렷이 묘사되어 있다.

처음 추위에 새남신賽南神을 맞이해 가니

손석孫石의 찬바람이 정히 사람을 괴롭게 한다
다투어 건너가는 여러 아가씨는 무슨 큰일인지
노량진 무당 마을은 시장과 같다

10월 20일에 매년 큰 바람이 불고 추운데 그것을 손돌바람[손석풍孫石風]이라 한다.

고려 고종高宗왕 해도로 강화도로 피신하러 갈 때 뱃사공 손돌이 배를 험한 곳으로 몰고 들어갔다. 왕은 의심이 나서 노하여 그를 죽이게 했다. 손돌을 적군의 밀정자로 오인한 것이

손돌공지묘

다. 실은 그곳은 손돌목(손석항孫石項)이라 하여 물살이 센 곳이었기 때문에 돌아서 간 것이다. 이렇게 억울하게 죽은 손돌이 그가 죽은 10월이 20일이면 노한 기운(바람)으로 나타나므로 강화도 사람들은 이날 배를 타지 않는다.

고려 고종 홍릉

새남은 원래 '지노귀 새남'의 준말로 서울지역에서 행해지는 망인천도제의亡人薦度祭儀로써 죽은 지 49일 안에 한다.

노량진의 새남터도 예나 이제나 새신賽神, 곧 굿(푸닥거리)으로 유명한 곳이다.

이곳은 또한 과거 수군水軍의 열무장閱武場으로도 유명하다. 조선왕조 500년 동안 임금이 열무를 하던 곳으로 지금 마포구 망원동의 망원정 앞 강벌과 노량진의 새남터 모래벌과 지금의 성북구 삼선

동의 삼선평三仙坪이 두드러진 곳이었다.

망원정 강벌은 주로 수군의 열무장이었고 노량진 모래벌은 특히 조선중기 이후로 주무대가 되었으며 삼선평은 조선말기 고종 때의 열무장이었다.

일찍이 태종은 1415년 4월에 동교東郊에서 사냥을 한 다음 살곶이에 머물면서 군인들에게 방패防牌와 씨름을 하게 되고 또 화통군火桶軍으로 하여금 화포를 쏘게 하여 잘하는 이에게 상을 주기도 하였다.

이상에서 살핀 바와 같이 동작구는 그 도도히 흐르는 한강의 문화와 역사를 간직한 채 미래를 향한 창조적인 도시, 인간적인 도시로 발돋움하고 있다.

또한 구의 상징인 국화, 백로, 소나무에 표현되어 있듯이 사육신의 정신이 깃든 곳이요, 한강의 무속신화가 스며 있으며, 서울의 큰 관문關門의 역할을 담당했던 성소聖所이다.

서울의 문화가 '한강의 문화'라 할 때 동작구의 문화·역사는 그 중추적 역할을 담당했던 곳이기에 더욱 자랑스러운 곳이 아니겠는가.

동작의 탄생과 그 이야기

동작구는 1980년 4월 1일 관악구에서 분리되어 서울특별시의 17번째 구로 탄생되었다.

그 명칭은 동재기나루(동작진銅雀津)에서 유래했으며 유구한 한강과 역사를 함께 했다.

한반도의 중부지역을 흐르는 한강은 겨레의 젖줄이며 아득한 옛날부터 역사와 문화의 원천이었다.

특히 땅이 비옥하고 자연경관이 수려한 한강하류 지역은 선사시대부터 우리 민족의 터전이 되었다. 물산이 풍부한 국토의 중심지로, 중국과의 교통요충지로 민족사의 중심무대가 되어왔다.

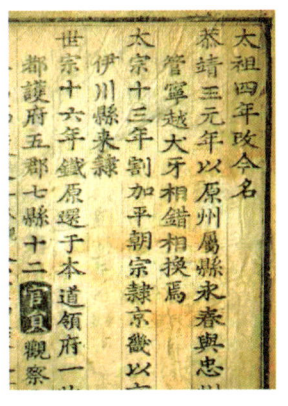

신증동국여지승람

《신증동국여지승람》에 따르면, 백제의 발상지였던 한강하류 지역을 고구려 장수왕이 점령(475)하여 노량진을 경계로 광명시에 이르는 서편에 잉벌노현, 과천 안양시에 이르는 동편에 율목군을 설치하였던 것으로 추정된다.

삼국통일 후에 잉벌노현은 곡양현, 율목군은 율진군으로 개칭되었는데, '곡양은 곡물이 많이 생산되는 농업지대이고 '율진'은 밤나무지대와 노량진 일대에 도진촌이 조성된 것을 의미한다.

고려 때에는 곡양현을 금주, 율진군을 과주로 개편한 뒤 1018년(현종 9) 중앙집권화의 일환으로 금주는 안남도호부에, 과주는 광주목에 예속시켰으나 중앙관이 파견되지 않고 지방세력이 다스리는 자치현으로 유지되었다.

조선왕조가 한양에 정도하면서 노들강(한강)을 사이에 둔 동작지역은 삼남지역과 수도를 연결하는 한성의 관문이 되었다. 동재기나루, 노들나루가 개척되고 사람과 물자의 이동이 빈번해지면서 진을 중심으로 한 사회 경제적 발전은 물론, 군사적 요충지가 되어 1703년(숙종 29) 금위영 소속의 별장이 배치되기에 이른다.

행정구역은 지방제도를 정비한 1416년(태종 16)에 금주는 금천현, 과주는 과천현으로 개편되는 등 변화가 있었으나 1795년(정조 19) 시흥현으로 안정되었다.

효성이 지극한 정조가 매년 수원 현륭원에 참배하기 위해 노들나루에 전국의 큰 배를 동원해 주교舟橋(배다리)를 놓고 군사호위를 받으며 행차하는 국가적 행사가 성대하였는데, 이때 노들나루가 있는 지금 본동에는 주교공사를 주관하는 주교사와 왕이 잠시 쉬어가는 용양봉저정이 건립되고 노량진에서 수원에 이르는 도로가 개수되는 등 시흥군 지역은 더욱 중요시되었다.

18세기 후반에 자유상공업과 유통경제가 진흥됨에 따라 한강을 무대로 한 강상江商이 활기를 띠었고 한성의 인구가 급증하면서 수원에서 한성을 잇는 대로변과 동재기나루터 도진촌이 번창하였다.

갑오경장 이후 8도제가 23부제로 개편되면서 장승배기를 경계로 인천부 과천군과 시흥군에 속하게 되었고, 일제가 조선을 강점한 후에는 지금의 관악구, 영등포구와 함께 시흥군에 속하였다가 1936년 경성부 영등포출장소에 편입되었다.

광복 후 영등포구에 시흥, 김포, 부천군의 일부가 편입되고 1973년 영등포구에서 관악구가 분리될 때 동작지역은 관악구에 속하게 되고, 드디어 1980년 4월 1일 관악구에서 동작구가 분리 탄생되어 가장 아름답고 역동적인 자치구로 발전하고 있다.

한강은 정자를 낳고 정자는 한강을 알렸다.

한강변은 수도 한양을 감돌아 흐르는 그 지리적 조건과 천하제일의 형승지로 인하여 수많은 누정樓亭이 즐비하였다 한다.

지금은 급격한 도시개발로 인하여 그 흔적은커녕 위치조차 찾지 못하는 곳이 대부분으로, 어떤 곳에 어떤 배치로 어떻게 지어졌었는지 전혀 알 수 없게 되었다.

단지 이곳에서 있었던 간단한 역사적 기록이나 비교적 많이 남아 있는 시문詩文 등을 통해 그 형승을 살필 수 있을 뿐이다.

동작구의 누정으로는 효사정孝思亭 · 용양봉저정龍驤鳳翥亭 · 월파정月坡亭 등이 있다.

그중 효사정은 이미 그 자취가 사라진 지 오래였으나, 근래에 새로운 모습으로 다시 지었다.

효사정孝思亭의 풍광

동작구 노량진동 한강변 남쪽 언덕에 있었던 조선 초기의 정자이다. 이 정자는 조선 세종世宗 때 한성부윤漢城府尹과 우의정을 지낸 노한盧閈(1376~1443)의 별서別墅(별장)였다 한다.

《신증동국여지승람》 권10 금천현衿川縣 누정조樓亭條에 효사정에 관한 다음과 같은 기록이 전한다.

효사정은 노량 나루터 남쪽 언덕에 있는데 우의정 노한의 별장[별서別墅]이다.

강희맹 신도비각

강희맹姜希孟이 지은 기문記文에, 삼성산三聖山은 곧 금천 진산鎭山이다.

거기에서 한 가닥이 꿈틀거리면서 북으로 뻗다가 한수와 만나는 곳에 한 지역을 이루었는데, 곧 의정議政 노공숙공盧恭肅公의 선영先塋이 있다.

공숙이 모년某年에 그곳에다가 그의 모친을 장사하고 시려侍廬하였는데, 효성이 극진하였다.

복服을 마치고는 서러워하던 그대로 '그곳에서' 살았다. 그 집 북쪽에 깎아지른 듯 한 둔덕이 강에 임했다.

드디어 그 위에다가 정자 하나를 짓고, 때로 등람登覽하여 오래도록 사모하는 정을 품고 자손에게 유언遺言하여 자신도 그곳에 묻혔다.

효사정

공숙의 맏아들 돈녕공敦寧公과 나의 선군先君 대민공戴愍公과는 동서간同壻間이었다. 일찍이 정자에서 함께 놀다가 돈녕공이 정자 이름과 기문을 지어 주도록 청하였다. 대민공이 정자 이름을 효사孝思라 하였으나, 기문은 짓지 못하였다.

그리고 30여년 뒤에 돈녕공과 대민공이 모두 별세하였다. 표종제表從弟 되는 공숙의 손자 좌찬성선성左贊成宣城 노자반盧子胖이 나에게 청하기를, '내가 젊었을 때 선친 곁에 모시고 있으면서 선자先子(이 글을 지은이의 어버이)께서 정자 이름 짓던 당시를 보았다. 산수山水를 둘러보며 창문을 열었다 닫았다 하여 그 요점要點을 짐작함이 있는 듯하더니, 마침내 효사로서 명명命名하였으나 기문은 없다. 형이 잇달아서 지어달라' 하였다.

나는 글이 졸拙하다는 것으로 세 번이나 사절하였으나, 자반子胖은 오직 선인의 뜻을 저버린다는 것으로 책망하였다. 의리상 사절하지 못하겠기에, 다시 자반에게 청하기를, '무릇 한수를 끼고 지은 정자가 그 몇인지를 모르거니와, 경치가 온전하고 또 요긴한 지역은 실상 이 정자를 첫째로 친다. 그런데 선자께서 명명하면서 형승形勝은 제외하고, 반드시 효사라 하였음은 뜻이 있음이다.

일찍이 하무시下武詩를 보니, 오래도록 효사하고 효사를 법한다 하였다. 이것은 무왕武王이 길이 효사하면서 잊지 못했다는 것을 말한 것이다.

이러므로 그 효가 법이 될 만 하다는 것이다.

그런즉, 효를 하면서 혹 잊는다거나 혹 법도에 합당하지 않으면 모두 구차할 뿐이다. 대개 효란 것은 감싸두면 한 마음의 덕이 되고, 발發하면 온갖 행실의 근원이 된다.

천자天子로부터 서인庶人까지 효하는 바가 비록 크고 작고, 멀고 가까움이 같지 않음은 있으나, 그 효는 같다.

이러므로 왕후王侯가 효하지 못하면 천하와 국가를 보존할 수 없고, 경대부卿大夫가 효하지 못하면 종묘를 보존할 수 없으며 선비와 서민이 효도하지 못하면 제 몸도 보존할 수 없다.

그 도리를 다하고자 한다면, 생각하는 바가 없을 것인가. 사해만성四海萬姓이 선왕先王한테서 받은 것으로 잃지 아니하고, 문정門庭과 가업家業을 선조先祖한테서 받아 감히 떨어뜨리지 아니하고, 신체와 발부髮膚를 부모한테서 받아, 감히 상하게 하지 못할 것을 생각한 것이 마땅하다.

정성된 마음으로 한 번 숨 쉬는 동안이라도 혹 잊지 않는 것은 천자와 공경公卿·사서士庶까지 동일한 효도이다.

아, 세상에 자손을 위한 계책을 하는 자가 누구인들 대마다 아름다운 아들이 있어서 무궁토록 전하고자 하지 않으리오. 그러나 천운天運과 명수命數명수로서 될 수 없어서, 호화한 문벌과 세도하던 씨족도 한 두 세대 전한 뒤에는 쇠망하여서 떨치지 못하는 자가 흔히 있다.

이때를 당하면 비록 선조가 물려준 전원田園과 제택第宅이 있다 하더라도 다 권귀權貴한 자의 차지로 되고 말 뿐이다. 그런즉, 자손으로서 효사하는 직분을 다했다고 할 것인가. 옛적 당唐나라 이위공李衛公이 평천십리장平泉十里莊을 점유하고자 손에게 경계하기를,

"진실로 평천장 꽃 하나 돌 하나라도 남에게 주는 자는 나의 자손이 아니다." 하였다. 이공李公도 또한 당나라의 명공名公이다.

어찌 꽃 하나 돌 하나 따위 자잘구레한 것을 위해서 이와 같이 경계하였으리오. 공숙공은 공명이 세상을 뒤덮을 만하였다.

젊은 나이로 벼슬에서 물러나, 구롱丘隴에 배회하면서, 능히 효성으로써 가법家法으로 하여, 자반까지 벌써 3대이다. 자반이 공명 덕업이 능히 조상의 뒤를 이어 세상 사람의 심복하는바 되고, 여러 아들도 또한 뛰어나게 두각頭角을 드러내어 경사가 다하지 않으니, 이것은 그 효사하는 도리를 다했기 때문인가. 어찌 그 효자가 끊어지지 않는가.

후세 자손이 이 정자에 올라서 송추松楸의 가지가 서로 닿고 상재常梓(조상의 산소가 있는 마을에 심은 나무)가 그늘의 두터움을 보고 백세 토구菟裘를 남이 감히 엿보지 못하게 한 다음 그 유래한 것을 궁구하면, 우리 선자께서 명명한 것이 속임이 아니라는 것을 더욱 알 것이다.

만약 강정江亭 한 굽이는 우리 사유私有라 하여 잃지 않는 것뿐 이라면, 근본을 안 것이 아니라. 자반은 어떠하다 하는가. 채납採納될 만한 것이 있다면 기문으로 하기를 청한다.

창룡계사蒼龍癸巳 첫 겨울 하순이 기기한다 하였다.

기순祁順의 시에, "음용音容은 멀어져, 아득하게 추상하기 어려워라. 한 생각 유유悠悠하여, 다할 기약이 없다.

벼슬길에 사는 오랜 동안 풍목탄風木嘆을 생각하였다. 독서하는 방에서는 일찍 육아편蓼莪篇 읽기를 폐했다.

쓸쓸한 상로霜露에 마음 상하게 하는 날, 황홀하게 갱장羹墻에서 얼굴 보는 때여라. 지금 나라에서 효도로 다스림을 숭상하는데, 명성을 드러나게 함도, 응당 구천九泉(황천)에서 사렴하는 것을 위로하리라." 하였다.

정인지 초상

정인지鄭麟趾의 시에, "사정思亭이 높이 큰 강 위에 임했는데, 효성스런 아들 착한 손자 갖추어 아름답다.

세덕世德은 이미 산같이 무겁고, 가성家聲은 길이 물과 함께 흐른다. 봄바람이 살랑거리는데 개오동나무[楸楸] 늙었고, 가을날이 쌀쌀하니 골짜기가 그윽하다.

굽어보고 쳐다보는 정회情懷를 누가 알아주리. 때때로 북궐北闕을 보니 서기瑞氣 띤 연기가 떴네." 하였다.

신숙주 초상

신숙주申叔舟의 시에, "산세山勢가 큰 들머리에 꿈틀거리며, 영수靈秀한 기운은 잉태孕胎하여 어느 때나 아름답다. 세 봉우리는 하늘 밖에 솟아 화산華山이 푸르고, 한 줄기는 뜰 앞에 돌아 한수가 흐른다.

착함을 쌓아 선세先世부터 간단이 없었고, 효성은 대마다 전해 유명幽明에 통했네. 잇달은 경사가 다하지 않으리. 아름다운 기운이 밤낮으로 떴구나" 하였다.

정창손鄭昌孫의 시에, "강정江亭이 푸른 물 위에 오똑한데, 올라보면 어버이 생각 잠시 쉬지 않는다.

북쪽으로 화산 서늘한 기운을 대했고, 동쪽으로 한수 맑은 흐름에 임했다. 고기잡이배 아득하여 외로운 돛 멀어지고, 자작나무 무성한데 한 마을 그윽하다.

정창손 묘소

어찌하면 인끈을 던지고 창해滄海에 가서, 갈매기 따라 함께 잠겼다 떴다 할까" 하였다.

김수온金守溫의 시에, "정자는 푸른 강 끝나려는 곳에 있네. 들 풍경 아득하며 더욱더욱 아름답고, 푸른 봄 구롱은 긴 길에 임했고, 붉은 대궐 연하煙霞는 상류上流에 닿았구나. 높은 나무는 반쯤 사당祠堂을 가리워서, 어둡고 한가한 구름은 때로 골 어귀를 잠겨 그윽하다.

공사公事에 휴가 내노라 늦게 오면 술을 내어 큰 잔으로 먹으리라" 하였다.

서거정徐居正의 시에 "효사정이 노량 나룻머리에 있다. 풍수風樹를 생각한 마음, 어느 날에 그치랴. 무덤엔 송추가 합쳐져서 상로가 느꼈고, 시골은 상재桑梓가 무성한데 세월이 흘렀

서거정 묘소

다.

　감호鑑湖에 주인 되어 사람이 길이 있고, 반곡盤谷을 전해 받아 지역이 그윽하다. 벼슬에서 물러나 여가가 많아서 난간에 기대니 산과 물 푸른 것 둥실하네" 하였다.

　이승소李承召의 시에, "집터를 처음으로 이 강 머리에 잡으니, 좋은 지역이 백세의 아름다움을 엮었다.

　위씨韋氏의 한 경서經書는 예전 학문을 남겼다.

　사씨謝氏집 여러 아들은 모두 영묘英妙한 무리였다.

　송추가 가리워서 정자는 그림 같고, 산수가 둘러져서 지경이 그윽하다.

　눈에 가득한 풍경, 저절로 효감孝感이 나게 하는데, 명실名實이 서로 뜨지 않음을 이에서 알겠다.

　현존하는 효사정은 일제 때 한강신사가 있던 자리에 1993년에 새로 지은 건물이다.

노한은 어떤 사람이었나

노한盧閈, 1376년(우왕 3)~1443년(세종 25)

　조선 초기의 문신으로 본관은 교하交河이며 자는 유린有隣, 호는 효사당孝思堂이다. 아버지는 대리경大理卿 균鈞이며 좌의정 민제閔霽의 사위로 태종과는 동서간이다.

16세에 음보蔭補로 등용되어 지사간원사를 거쳐 1403년(태종 3)에 좌부승지가 되었고, 이듬해 이조전서·경기도관찰사를 역임하였고, 풍해도관찰사 등을 거쳐 1408년에 한성부윤에 이르렀다.

이듬해 처남 민무구·무질 형제가 신극례와 함께 종친을 이간하고 불충不忠의 언동이 있었다고 하여 이화李和 등의 탄핵을 입어 유배, 사사賜死되자, 이에 연좌되어 1409년에 파직 당하였다.

이화의 신도비

그 후 고향 양주별장에서 14년간을 은거하였는데 1422년(세종 4)에 상왕 태종이 "노한이 민씨에게 장가를 들었다고 고신告身까지 거두게 된 것은 그의 죄가 아니니 급히 불러들이라"는 전교에 의하여 다시 한성부윤에 복관되었다.

그 뒤 형조판서·참찬의정부사·판한성부사를 거쳐, 1432년에 찬성사 1434년에 찬성 겸 대사헌, 이듬해 우의정 등을 지내고, 1437년에 사직하였다.

시호는 공숙恭肅이다.

묘는 노량진동에 있었으나 1940년에 파주시로 이장되었다.

노한의 묘비

정조의 효심과 그 정자, 용양봉저정龍驤鳳翥亭

　동작구 본동 10-30에 있는 조선시대 후기의 정자이다. 서울특별시 유형문화재 제6호로 지정되어 있다.

사도세자 융릉

　'용양봉저정'이란 용龍이 뛰놀고 봉鳳이 높이 나른다는 뜻이다.
　한강대교 남쪽(노량진 수원지 건너편) 언덕에 있는 이 정자는 1789년(정조 13)에 시역始役하여 2년 후에 완공한 건물로 정조가 수원 화산華山에 있는 부왕父王인 장조莊祖, 곧 사도세자思悼世子의 원묘園墓인 현륭원顯隆園에 참배하러 나닐 때, 노들강(한강)에 배다리 [주교舟橋]를 설치하고 건너가 잠시 어가御駕를 쉬기 위하여 행궁行宮으로 쓰던 곳이다.
　전하는 말에 의하면 이 터는 선조宣祖 때에 영의정을 지낸 이양원李陽元의 집터였다고 한다.
　따라서 그의 호도 노량진鷺梁津을 뜻하는 노저鷺渚라고 하였다 한다. 조선 말기에는 한때 구당矩堂 유길준俞吉濬이 이곳에 살았다고 한다.

유길준

장조의 원묘인 영우원永祐園은 당초 양주楊州 배봉산拜峰山(현재 서울시 동대문구 전농동)에 있었는데 효성이 지극한 정조는 부왕의 원묘가 너무 협소하고 규모도 보잘것없는 것을 가슴 아파 하다가 1789년 11월에 이르러 수원 화산으로 천묘遷墓하고 현륭원이라 고쳐 불렀다.

그리고 자주 행행行幸하였는데 당시의 모습을 이신爾信이 그린 '노량진주교 및 행궁도(노량진주교행궁도鷺梁津舟橋行宮圖)'에서 짐작할 수 있다.

이곳은 잠시 유식하며 주식晝食(점심)을 하던 곳이라 하여 일명 주정소晝停所라고도 칭하였으며 이때에는 주교 가설을 담당하는 주교사舟橋司와 주교대장舟橋大將도 두었었다.

주교사가 맡아보던 배다리는 관유官有와 사유私有 도합 28척의 배로 한강을 건너지르고 그 위에는 긴 널판 1천여 장을 깔았으며 양가에는 난간을 설치하였다.

난간에는 깃대를 쭉 꽂고 배다리 양쪽 끝에는 홍살문[홍전문紅箭門]을 세웠다. 주교사는 1882년(고종 19)에 폐지되었다.

당초 이 행궁에는 정문正門과 누정樓亭 등 두 세 채의 건물이 있었던 듯하나 고종 때 유길준兪吉濬에게 하사되어 그 후 전전하다가 1930년 일본인 지전池田의 손에 들어가 건물 일부를 철거하고 부근 5,300여 평에 온천溫泉·욕탕浴湯·운동장運動場·식당食堂 등을 두어 오락장으로 삼고 이름도 '용봉정'으로 고쳤었다.

광복과 함께 이를 국유로 환원하여 오락시설을 철거하고 원래의 이름으로 고쳤다.

2단의 나즈막한 기단 위에 각주角柱를 세운 이 정자는 정면 6간間, 측면 2간으로 건평 10평이다. 중앙부는 온돌방으로 꾸미고 방의 외벽에는 띠살분합문을 달았으며 방의 둘레에는 툇간退間을 두어 마루를 꾸몄다. 정면 중앙 3간은 개방되어 디딤돌을 통해 마루로 올라가게 되었고 둘레에는 난간을 돌렸다.

네모 기둥머리에는 초익공初翼工을 결구結構하고, 2중량二重樑을 둔 5량 구조 겹처마, 팔작지붕을 이루고 있는데 간결하면서도 격식을 갖춘 특수기능의 건물이다.

김명원 묘비

경승지를 이룬 한강변에는 많은 누정이 즐비하였지만 지금은 유일하게 이 저정만 남아 있다.

정측괴수亭側塊樹는 임진왜란 당시 도원수都元帥로 있던 김명원金命元(우의정)이 기념으로 심었다고 전한다.

월파정月坡亭

월파정은 동작구 노량진 1동 15번지에 있는 조선시대 정자이다.

옛날 판서였던 장선징張善徵의 정자로 지금의 수산시장 남쪽에 위치하고 있다.

이 정자는 1776년(정조 즉위년) 정조가 노들강 기슭에다 세운 것이라고 전해지는데, 그보다 훨씬 이전에 세종 때의 영의정 김종서金宗瑞(1390~1453)가 터를 잡고 살았다고도 한다. 일제 때는 '아라이'라는 일본인 재벌이 소유하면서 한국에서 유명한

김종서 집터

비석 등을 옮겨다 놓아 지금도 뒤뜰에는 각종 비석들이 뒹굴고 있다.

그 후 광복 초기에 수도경찰청장(지금의 서울시경국장)을 지내고 후에 국회의원, 국무총리까지 역임한 장택상張澤相이 별장으로 사용하였다.

대지가 원래는 2,000평이었으나 500평을 수산시장에 팔아, 지금은 1,500평에 건평 150여 평으로, 안채가 30평, 본관 40평, 집무실 30평, 관리인실 10평, 욕실 10평 등이다. 정자 안쪽에는 수백 년 되어 보이는 큰 수양버들·은행나무·느티나무 등 각종 나무들이 우거져 있다.

또한 이곳에는 임진왜란 당시에 사용했던 화포 2문과 소포 3문이 있었는데, 정부에 기증하여 현재는 강화도 갑곶진 유적지에 보존되어 있다고 한다.

안채의 벽에는 수많은 포탄자국들이 아직도 뚜렷하다.

원래 월파정은 정부에서 관리비를 주었는데 장택상의 조카 장병찬의 개인 소유가 되면서 지급이 중단되었다 한다.

옛날에는 한강물이 사육신묘 뒤편으로 흘러 월파정 앞에 서 합수合水되어 여의도 샛강으로 빠졌으나 노량진~인천간 철도가 개설됨

에 따라 이때까지 있던 월파정 부근의 낚시터가 없어지고 대지로 변했다고 한다.

또 옛날에는 월파정 앞 샛강은 이무기가 많이 살고 있어서 무서운 강으로 알려졌었다고 전한다.

동작구에 모셔진 충신들의 혼령

서원書院

동작구의 서원으로는 사육신死六臣을 모셨던 민절서원愍節書院, 박태보朴泰輔를 모셨던 노강서원鷺江書院, 김창집金昌集·이건명李健命·조태채趙泰采·이이명李頤命을 모셨던 사충서원四忠書院이 있었으나 이들은 현재 모두 훼철되거나 이전하여 현재는 터만 남아 있다.

민절서원愍節書院

동작구 노량진동 1852-2 사육신묘지내에 사육신을 배향配享하였던 서원이다.

이 서원은 세조 때 단종복위운동을 하다가 순절殉節한 박팽년朴彭年·성삼문成三問·이개李塏·하위지河緯地·유응부兪應孚·유성원柳誠源을 위하여 숙종肅宗 7년(1681) 지호芝湖 이선李選의 상소에 따라 동작진銅雀津에 세운 육대사六臺祠였다.

그 뒤 숙종 18년(1692)에 현재 사육신묘가 있는 산 위에 새로 서원을 세우고 '민절愍節'이란 어필御筆 편액扁額을 하사받아 사액서원賜額書院이 되었다.

고종 8년(1871)에 흥선대원군의 서원철폐 때 훼철되고 그 자리에는 1954년 서울시가 6각六角의 육신묘비를 세웠다.

사충서원四忠書院

동작구 노량진동 156번지 옛날 노량진동사무소가 있던 사육신묘 입구 동산에 있었던 서원이다.

이 서원은 영조英祖 원년(1725)에 건립된 것으로, 경종景宗 원년(1721)에 신축사화辛丑士禍로 희생당한 노론老論 4대신인 김창집金昌集(1648~1722)·이건명李健命(1663~1722)·조태채趙泰采(1660~1722)·이이명李頤命(1658~1722)을 배향配享하던 곳이다.

사충서원 터

숙종의 뒤를 이어 즉위한 경종은 성격이 온순하고 무자다병無子多病하므로 하루 속히 왕세자를 정할 필요가 있음을 주장한 이들 4대신의 주장이 관철되어 경종 원년(1721) 8월 왕제王弟 연잉군延礽君(후의 영조)을 세제世弟로 책봉하게 되었다.

그러나 소론파의 조태구趙泰耉·유봉휘柳鳳輝 등은 시기상조론을 들고 그 부당함을 상소하였지만 뜻을 이루지 못하였다.

그 후 김창집 등의 건의에 따라 왕세제가 정무政務를 대리하게 됨에 이르러, 소론은 승지承旨 김일경金一鏡으로 하여금 노론 4대신을 4흉四凶으로 공격하는 한편, 목호룡睦虎龍으로 하여금 4대신을 역모逆謀로 무고誣告케 하여 4대신 이하 노론 일파는 극형을 당하여 정계에서 실각하고 말았다.

이 서원은 고종 8년 대원군의 서원 철폐령 때에도 남아 있다가, 1927년 이곳 서원지가 철도용지로 편입됨에 따라 당시 고양군 한지면 보광동(현 용산구 보광동 28번지)으로 이전 되었다가, 그 후 6·25사변의 전화로 소실되었다. 1968년 유림들의 주선으로 현 광주군 중부면 상산곡리 100-2로 옮겨 중건되었다.

노강서원鷺江書院의 슬픈 역사 충신 박태보의 그림자

노강서원

동작구 본동 286-1(사육신묘 서쪽 기슭)의 가칠목 마을에 있었던 서원으로 숙종 15년 기사환국己巳換局 때 죽은 정재定齋 박태보朴泰輔를 배향하던 곳이다.

박태보(1654~1689)는 자

는 사원士元, 본관은 반남潘南으로 숙종 3년(1677)에 알성謁聖문과에 장원으로 합격했다. 그는 전적典籍으로 거쳐 예조좌랑禮曹佐郞에 임명되어 시관試官이 되었을 때, 출제 문제로 남인南人의 탄핵을 받아 선용宣用에

박태보 묘소

유배되었다가, 숙종 6년(1680)에 수찬修撰이 되었으며, 1682년에는 이조좌랑吏曹佐郞·암행어사暗行御史 등을 역임하였다.

숙종 15년에 박태보는 서인으로서 인현왕후仁顯王后의 폐위를 강력히 반대하다가 심한 고문을 받고 진도로 귀양가는 도중에 고문의 여독으로 노량진에서 숨을 거두었다.

그는 학문과 문장에 능했고, 글씨에도 뛰어나 후에 영의정에 추증追增되었으며, 저서로는 《정재집定齋集》이 있다.

이 서원터는 당시 신확申瓁의 집이 있었던 곳으로 박태보가 이 집에서 묵다가 세상을 떠났다. 그가 죽은 후 왕은 곧 후회하였고, 그의 충절을 기리기 위해 서원을 세워 위패를 모셨다.

1697년에 조윤벽趙潤璧 등의 청액소請額疏로 '노강鷺江'이라는 사액을 받았으며, 1754년에 중건되었다.

대원군의 서원 철폐 당시 훼철되지 않고 남은 47개 서원 중의 하나이며, 서현배향先賢配享과 지방교육의 일익을 담당하여 왔다.

그 후 1925년 한강 대홍수 때 범람으로 침수, 유실되었다가 그해 중건하였으며, 다시 1950년 6·25동란시 소실되었다. 1969년에 의정

부시 장암동 산 146-1 수락산 기슭 충렬사 옛터로 이전하여 현재에 이르고 있다.

경내의 건물로는 사우祠宇 · 동재東齋 · 서재西齋 · 삼문三門 · 고직사庫直舍 등이 있으며, 사우에는 박태보의 위패가 봉안되어 있다.

이 서원에서는 매년 3월 중정中丁과 9월 중정에 향사享祀를 지내고 있으며, 제품祭品은 4변籩 4두豆이다.

현재 경기도 기념물 제41호로 지정되어 있다. 위토位土로는 논 8백평 등이 있다.

가칠목架七木은 충신 박태보朴泰輔의 혼령이 머무는 곳

사육신묘死六臣墓 서쪽 기슭 가칠목마을(본동 286-1~10호)에는 숙종 15년(1689) 기사환국己巳換局 때 죽은 정재定齋 박태보朴泰輔를 배향配享하던 서원인 '노강서원鷺江書院'이 자리하고 있었다.

박태보는 자字는 사원士元, 본관은 반남潘南으로 숙종 15년(1689)에 그는 서인西人으로서 인현왕후仁顯王后의 폐위를 강력히 반대하다가 심한 고문을 받고 진도珍島로 귀양가는 도중에 고문의 여독으로 노량진에서 숨을 거두었다. 그는 학문과 문장에 능했고 글씨에도 뛰어나 후에 영의정領議政에 추증追贈되었으며 저서로 《정재집定齋集》이 있다.

이 서원터는 당시 신확申瓁의 집이 있었던 곳으로 박태보가 이 집에서 묵다가 세상을 떠났다.

그 뒤 숙종 23년(1697)에 왕은 박태보의 죄를 사하고 그를 위해서 이곳에 서원을 건립하고 노강서원鷺江書院이라는 편액을 하사하였다.

그러나 이 서원은 고종 8년(1871) 대원군大院君의 서원철폐 때 없어져서 현재 주택이 들어서 있다.

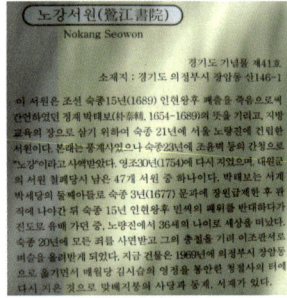

노강서원에 대한 설명

박태보朴泰輔 설화

박태보가 노강서원鷺江書院에 모셔진 일과 관련 하여 다음과 같은 이야기가 전해온다.

박태보는 어려서부터 슬기롭고 또 얼굴이 남중일색男中一色이었다. 어느 날 참판 이종엽李宗燁 집에 심부름하는 여인 하나가 그의 아름다운 모습에 반하여 박태보의 유모에게 이 사실을 알리자, 유모가 그 사정을 딱하게 여겼으나 박태보의 심지가 곧으므로 차마 입을 열어 볼 수가 없어 그의 모친에게 이야기를 해보았다.

그의 모친 역시 그 여인의 짝사랑을 동정하여 남편 서계공西溪公에게 아들을 좀 달래보라고 청하였다.

그리하여 그 부친이 박태보를 불러 여인에게 한을 남기면 앞으로의 길에 장애가 될 것이라 훈계하였으므로 박태보도 부친의 뜻을 거역하지 못하였다.

그리하여 그 여인은 박태보의 양친을 뵙고 스스로 머리를 쪽지어 출가한 부녀처럼 하고 다녔다.

세월은 흘러 박태보는 그 뛰어난 재주로 벼슬길에 올랐고 여인은 그의 기억에서 차츰 멀어졌다.

숙종 15년(1689) 중전에 대한 장희빈의 끈질긴 모함이 성공하여 왕이 중전을 폐비하려 하자, 직언直言을 잘하던 박태보는 이 소식을 듣고 붓을 들어 반대하는 상소를 올렸다가 진도로 귀양을 가게 된다.

그러나 귀양지로 가는 길에 국문시 입은 장독杖毒과 화상火傷이 심해 친구 집이 있는 노량진에 머물렀다.

이때 어느 여인이 와서 박태보를 한번 뵈옵기를 청하였다. 방문객은 바로 전일에 박태보를 사모하여 혼례식도 올리지 않고 출가한 부녀자처럼 쪽을 지고 다니던 그 여인이었다. 박태보는 멀어져가는 정신을 간신히 수습하여 겨우 손을 들어 여인의 손을 한번 꽉 잡은 다음 그만 목숨이 다했다.

여인은 그 앞에서 울고 또 울다가 일어나나갔다.

그 후 인현왕후가 복위되고 노강서원이 완성되던 날, 그 여인은 소복을 입고 서원 뒤 서까래에 목을 매어달아 싸늘하게 죽었다고 한다.

박태보 신위

나루터

동재기나루銅雀津

동재기는 흑석동에서 현재 국립서울현충원으로 넘어오는 강변 일대에 검붉은 구리銅 색을 띤 돌들이 많이 분포되어 있는데서 붙여진 이름으로, 이 나루는 조선시대 서울에서 과천·수원·평택을 거쳐 호남으로 내려가든가, 또 서울로 들어오던 사람들이 배를 타고 건넜던 교통의 요지였다.

동작진은 문헌상 과천현 북쪽 18리에 있다고 되어 있는데, 현재 동작역이 있는 이수천 입구로 추정된다.

예전에는 수심이 깊어 나루 위쪽에는 모노리탄毛老里灘이란 여울이 있었고 그 앞에는 기도碁島란 작은 섬이 있었다. 이 진은 인근 노량진 관할 하에 있었는데 호남·호서지방의 과객과 사대부의 왕래가 빈번한 곳이었으나 사선 몇 척만이 운용되어 교통이 불편하였다.

1728년(영조 4) 이인좌의 난을 계기로 나루의 관리를 철저히 하고자 변장이 파견되었으며 1746년(영조 22) 노량진의 나룻배 3척을 이관 받음으로써 나루터로써의 면모를 갖추었다.

<춘향전>에 이도령이 춘향을 찾아가는 장면에 '역졸을 거느리고 가만히 숭례문을 내달아 칠패 팔패 돌모루 백사장을 지나고 동작강 얼른 건너 남태령 뛰어넘어 과천에 이르니…'라고 쓰여있어 동작나루가 과천가는 지름길임을 암시했다.

동작나루는 근세기까지 명맥을 유지하다 한강인도교의 건설로 기

능이 약화되었으며, 동작대교가 건설되어 옛 지명을 재현하게 되었다.

흑석나루 黑石津

현재의 흑석동 강변(원불교 서울회관 부근)에 있었던 나루이다. 조선 초기에 민간인들이 많이 이용하였으며, 1385(태종 4년)에는 세곡의 운송을 위해 용산-충주간에 7개소의 수참水站을 설치할 때 흑석나루에 수참이 설치되어 참선站船의 정박소로 이용되었다.

조선 후기에 참이 폐지되고 동작진銅雀津이 개설되면서 기능을 잃어갔으며, 광복 이후 조정경기훈련장으로 이용되기도 했다.

노들나루 鷺梁津

노량진은 한강 남안, 지금의 한강철교와 한강대교 사이 강변에 있던 나루터로 옛부터 수양버들이 울창하여 노들나루라 하였고 백로가 노닐어 노량진이라고도 했다.

이 나루는 한양에서 시흥·수원방면을 거쳐 충청·전라를 연결하는 중요한 길목에 있어 조선시대에는 군대가 주둔하는 진鎭을 설치하였다.

이곳은 나루로써 뿐만 아니라 석벽 위에 아담한 봉우리 밑으로 강물이 교교히 흐르는 절경이 펼쳐져 전국의 명인들이 누정을 짓고 감회어린 시구절을 읊었으며, '노들강변'이란 민요도 널리 전승되었다.

노들나루 남쪽 언덕에는 노량원鷺梁院이란 여관이 있어 도성을 오가는 많은 사람들이 쉬었다 갔으며, 나루의 북쪽 강변에는 새남터라 불리는 넓은 백사장이 있어 일찍이 사형장으로 이용되었다.

이는 행인의 왕래가 많았던 이곳에서 지나다니는 사람들에게 처형과정을 보임으로써 경계심을 갖도록 한 조치였다.

조선후기 정조 때는 수원 사도세자의 묘소로 향하는 길목인 노들나루에 국왕의 행차를 위한 배다리舟橋를 놓았으며, 이를 위하여 주교사舟橋司라는 전담 관청을 설치하였다. 1899년 경인선이 개통되고 다음해엔 한강철교가 건설된데 이어 인도교가 준공되면서 나루터로써의 기능이 상실되어갔으며, 지금은 1989년 서울시에서 세운 '노량진 나루터 표석'이 옛 정취를 지켜주고 있다.

노들강변

<노들강변> 민요는 옛날 노들나루터에서 불리운 민요로 우리 구와 함께 길이 남을 동작구의 민요이다.

이 노래는 신민요로 등장하였으나 해를 거듭 할수록 우리 민요화 한 노래로 작사자는 만담가로 유명하였던 신불출이고, 문호월文浩月의 작곡이다.

현재 이곡은 무용곡으로 널리 쓰이고 있으며, 경쾌하면서도 애조가 담뿍 들어 있어 이 세상 한을 물에다 띄워 보내려는 심정을 읊고 있다.

우리 겨레의 얼과 그 옛날 노들강(오늘의 한강)의 정경이 담긴 이 노래는 6·25전쟁 후에도 남녀노소간에 즐겨 부르던 민요이다.

이 노래만으로도 노들강변의 가지를 늘어뜨린 수양버들과 한강의 푸른 물이 얼마나 아름다웠는지를 짐작할 수 있게 한다.

노들강변 봄버들
휘휘 늘어진 가지에다
무정세월 한허리를
칭칭 동여매여 볼까
에헤요 봄버들도
못 믿으리로다
푸르른 저기 저 물만
흘러 흘러 가노라

노들강변 백사장
모래마다 밟은 자국
만고풍상 비바람에
몇 번이나 지어갔나
에헤요 백사장도
못 믿으리로다
푸르른 저기 저 물만
흘러 흘러 가노라

노들강변 푸른 물
네가 무삼 망령으로

재자가인才子佳人 아까운 몸
몇몇이나 데려갔나
에헤요 네가 진정
마음을 돌려서
이세상 쌓인 한이나
두둥 싣고서 가거라

겸재 정선 선생의 안목

동작진(銅雀津)은 지금 동작대교가 놓여 있는 동작나루 일대를 서울 쪽에서 바라본 그림이다. 관악산 우면산이 먼 산으로 처리되고, 현재 국립현충원이 들어서 있는 동작마을 일대가 그림의 중심을 이루고 있다.

하삼도下三道(서울 아래쪽의 충청 전라 경상 3도)로 내려가는 가장 큰 나루답게 마을 아래 강가에는 근 20척의 배들이 정박해 있다.

그 중 한 척이 나귀와 사람을 싣고 힘차게 삿대질하며 서울 쪽으로 건너오고 있는데 서울 쪽 백사장에는 구종驅從(말 모는 종)을 거느린 선비 일행이 기다린다.

그 사이 강 건너에서는 과천 쪽에서 올라온 선비 일행이 나룻배를 부른 듯 사공이 긴 삿대로 배를 물가에 대려 하는데 나귀 탄 선비는 깎아지른 동작산 높은 봉우리에 압도당

겸재 정선 자화상

한 듯 이를 올려다보기에 여념이 없다.

　이 동작산 제일봉 밑으로는 지하철 4호선 굴길이 뚫려 있고 배가 떠있는 지점으로는 동작대교가 가로지른다.

　선비가 지나왔을 길은 지금 과천으로 넘어가는 동작대로가 돼 있고, 길가 강변에 운치 있게 솟은 낮은 산봉우리는 흔적 없이 사라진 채 동작대교를 출입하는 고가차도가 놓여 끊임없는 차량행렬이 토해내는 소음과 매연이 이곳을 차지하고 있을 뿐이다.

　당시 승방천僧房川이라 부르던 반포천盤浦川이 한강으로 흘러드는 이수교梨水橋 일대와 반대편 흑석동 쪽 강변마을은 버드나무 숲이 가득 우거져 있다.

　이때 동작마을은 서울 세가世家(대 물려 특권을 누리며 사는 집안)들의 별장으로 가득차 있었던 듯 번듯한 기와집들이 즐비하다.

　겸재의 제자였던 근재 박윤원近齋 朴胤源(1734～1799)은 '동작나루를 지나며過銅津'라는 시에서 이렇게 읊었다.

　'성곽 나서자 티끌 같은 세상일 없고, 강물빛 비 맞아 다시 새롭다. 배에 앉으니 산은 저절로 오가고, 물가에 나앉자 백로와 서로 친하다.

물위에 정자 많으나, 누각엔 주인이 적다.

　누가 능히 내게 빌려줘 살게 하려나, 꽃과 대나무에 경륜經綸을 붙여보겠네.'

창빈 안씨의 묘소

이 동작마을 서쪽 뒷산 중턱에는 선조대왕의 조모인 창빈昌嬪 안安씨의 묘소가 있다.

명당 중의 명당이라서 양주 장흥長興에 있던 묘소를 이곳으로 옮기고 나서 태어난 손자가 선조宣祖가 됐고, 선조의 자손들이 조선이 망할 때까지 계속 왕위를 이어갔다는 것이다.

광복 후 이 일대를 국립묘지로 선정한 것도 이런 명당설과 무관하지 않으리라 생각된다.

서울 관악구 지명의 유래

풍수학의 중심(양녕대군과 무학대사 이야기)

국사봉國思峰과 사자암

지덕사 부묘소가 위치한 남쪽 산을 국사봉國思峰, 또는 국사봉國師峰이라고 일컫는다.

이 산은 관악구 봉천동과 경계를 이루고 있다.

이 산을 국사봉國思峰이라 일컫는 것은 글자 그대로 양녕대군이 이 산에 올라 나라를 생각하고 임금을 걱정했기 때문에 붙여진 것으로 전한다.

양녕대군은 왕세자로서 스스로 실덕을 저질러 폐세자가 되어 왕의 자리를 동생에게 물려준 뒤 대궐에서 쫓겨났지만, 그는 형제간에 우애가 지극하여 이 산에 멀리 경복궁을 바라보며 나라와 세종의 일을 걱정했다고 합니다.

한편, 국사봉國思峰으로 칭하게 된 연유는, 조선왕조 건국 당시 무학대사가 태조의 한양 천도를 도우면서 한양을 돌아보니, 한양 주변 산세 중에 이곳 국사봉이 백호가 되어 한양 외곽으로 빠져나가는 형국임을 알고, 그 맥을 잡아 백호가 빠져나가지 못하도록 사자암이란 암자를 지었으므로, 무학대사를 국사로 보고 국사봉이라 부르게 되었다는 것이다.

관악이 있었기에 동작이 있다.

관악산(629m)은 서울 관악구, 금천구와 경기 안양, 과천의 경계에 있는 산으로, 삼각산三角山 등과 함께 서울분지를 이중으로 둘러싼 자연의 방벽으로, 예 서울의 요새지를 이루었다.

그 형상이 마치 관머리와 같이 뾰족하다하여 이름도 모양대로 관악산이라 부른다.

주봉은 연주대戀主臺이며, 상정의 영주대靈珠臺는 세조世祖가 기우제를 지내던 곳이다.

산중에 연주암戀主庵 · 자왕암慈王庵 · 불성사佛成寺 · 삼막사三幕寺 등의 산사가 있다. 이 중 삼막사는 원효 · 의상 등의 고승들이 수도하였다고 한다.

동북으로는 우면산으로 뻗쳤고 서쪽으로는 금지산, 북쪽으로는 동작동 · 국립서울현충원을 거쳐 한강 기슭 사육신묘역까지 이른다.

동작의 명산

동작봉銅雀峰

민족의 혼령을 품안에 잠들게 하고, 서울 시민들이 즐겨 찾는 휴식처인 서울 명산 관악산(높이 629m)의 한 줄기에 속하는 동작봉은 국립서울현충원이 자리잡고 있는 곳을 말한다.

1952년 이승만 대통령의 명에 의하여 국립서울현충원 후보지를 물색 중 풍속연구가 지창룡이 세밀한 풍수학적 고찰, 지리상 여건 등을 고려하여 동작동으로 최종 결정하여 1953년 10월 1일에 재가를 받았다.

사자암獅子庵 풍수설이 남긴 호국 도량지

사자암

　　상도동 국사봉 밑에 자리잡은 '사자암'은 조계종 소속으로 1396년(조선 태조 5) 무학대사가 한양천도 과정에서 풍수상의 이유로 창건했다 한다.

　　즉 서울로 정한 한양의 만리현(지금의 만리동)이 백호가 밖으로 뛰어 달아나는 모습이라 이것을 막기 위해 관악산에 '호압사'를 지어 호랑이를 누르고 '사자암'을 지어 그 위엄으로 백호를 막았다고 한다.

　　이 정에는 많은 고승들이 머물러 수도했고 국태민안國泰民安을 기원하는 호국도향으로서 명맥을 이어 왔다.

　　극락전에 조선 초의 아미타불상이 안치되고 1846년에 지장탱화, 신중탱화, 1980년에 현왕탱화가 봉안되었다.

　　그 외에 산신각인 단하각, 칠성각인 수세전이 있다.

제2부
호남권 지역의
지명 유래

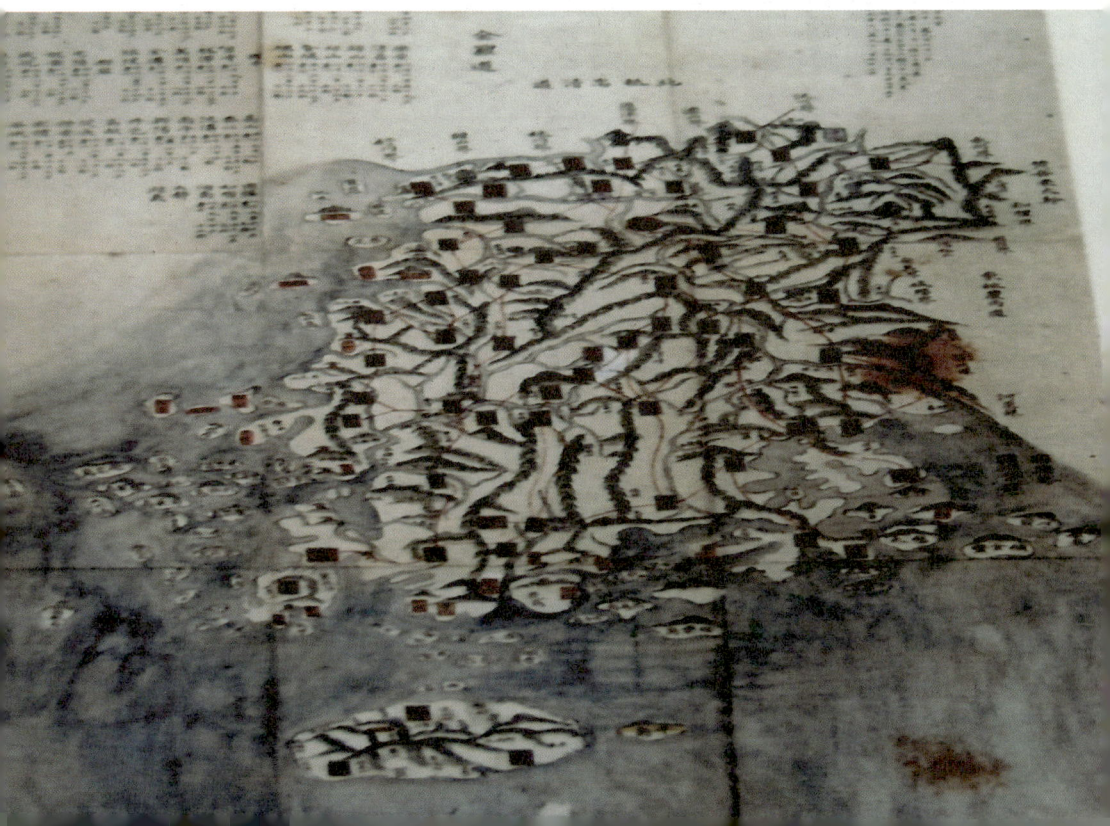

그림으로 읽는 지명을 품은 한국사

월출산 국립공원
Wolchulsan National Park

월출산은 장대하다. 사방 백리에 큰 산이 없어 들판에 마치 금강산을 떼어다 놓은 듯한 장대한 돌산이 서 있는 것이다. 기암절벽으로 이루어진 산세가 금강산과 비슷해 남한의 금강산이라는 별명을 갖고 있으며, 1988년 국립공원 제20호로 지정되었다.

I 지명이 품은 한국사 여섯 번째 이야기

그림으로 읽는 지명을 품은 한국사

그림으로 읽는 지명을 품은 한국사

진도에 위치한 하늘다리

III 지명이 품은 한국사 여섯 번째 이야기

그림으로 읽는 지명을 품은 한국사

진도에 위치한 불도

그림으로 읽는 지명을 품은 한국사 IV

그림으로 읽는 지명을 품은 한국사

노고단의 운해

V 지명이 품은 한국사 여섯 번째 이야기

그림으로 읽는 지명을 품은 한국사

운조루의 내부

그림으로 읽는 지명을 품은 한국사

낙민루

VII 지명이 품은 한국사 여섯 번째 이야기

그림으로 읽는 지명을 품은 한국사

오봉산의 기운을 막고자 만들어진 석구

그림으로 읽는 지명을 품은 한국사

고산 윤선도

IX 지명이 품은 한국사 여섯 번째 이야기

그림으로 읽는 지명을 품은 한국사

삼인대의 비각

그림으로 읽는 지명을 품은 한국사

주필대

IX 지명이 품은 한국사 여섯 번째 이야기

호남권 지역의 지명 유래

 ## 광주광역시 광산구 지명의 유래

복룡산

봉화대와 수많은 설화를 간직한 신비로운 산!

광산구 평동과 어룡동을 가르며 평동쪽에서 보면 평범한 뒷동산이요, 어룡동에서 보면 황룡강과 함께 제법 우람한 자태를 나타내 꼭 무언가 있을 것 같은 산, 앞의 어룡은 그토록 유명한데 강을 건너 수많은 골을 형성하며 내리 뻗어 약간의 신비감마저 감도는 저 산은 도대체 무얼까?

어룡쪽의 전설과 평동쪽 각각 다른 설화와 전설을 간직하고 있는 이산은 어룡쪽의 용마바위 전설과 평동쪽의 후백제 견훤과 왕건의 싸움터 전설로 유명하다.

삼국시대를 전후하여 복룡

견훤성

산 자락 평동쪽 기슭은 광산지역의 중심이었다.

현재 용동마을 주변이 관동현이 자리 잡고 있었고, 지금은 흔적도 없지만 관동현감의 관사와 감옥이 평동공단 부지에 자리 잡고 있었다고 전해진다.

그래서 용동마을에 사는 사람들의 자부심은 대단하다.

현재의 송정은 일제시대이후 송정역이 자리 잡으면서 발전한 지역이지만 조선시대까지 만해도 광산지역의 중심은 용동이었다.

그래서 용동 사람들은 용동과 복룡산을 자부심으로 여기며 살아가고 있다.

평동의 용동마을 한가운데를 가로질러 올라가다 보면 용이 엎드려 있는 형국이라는 복룡산 자락에 접어든다.

소나무 밭을 따라 난 등산로를 올라 이산의 중턱에 서면 시원하게 펼쳐진 평동의 들녘이 보인다.

안개가 끼지 않는 날은 나주의 금성산이 눈앞에 있다.

봉화불로 교신을 하던 시절에 나주의 금성산과 광산의 복룡산에는 여러 개의 봉화대가 있었다.

지금은 무성한 풀로 뒤덮여 세월의 무성함만 느끼게 하지만 산 정상에는 봉화대 터가 남아 있다.

멀리 서북쪽을 보면 마치 흰 광목옷에 짚신을 신고 개나리 봇짐을 메고 서울로 올라가는 사람들이 보이는 것 같은 착각을 불러일으키는 옛 서울 길 관문 희어재가 보인다.

고려 태조 왕건이 후백제를 멸망시키는 전쟁 중에 만나 사랑을 키워오다 전쟁이 끝난 후 서울로 올라간 그가 다시 찾아오기만을 애타게 기다리다 죽어간 한 여인이 애틋한 전설을 떠올리다 보면 희어재에 흰 소복차림의 한 여인의 북풍에 옷자락 머리자락 휘날리며 북쪽을 바라보고 서 있는 듯한 착각에 빠져든다.

잘 정비된 등산로, 약수터는 산을 오르는 사람들을 배려한 흔적이 역력하다.

정상으로 이르는 등성을 따라 몇 발짝 걸으니 희귀한 모양을 한 새가 눈앞을 가르며 날아오른다.

보금자리를 뺏기지 않겠다는 듯 이쪽을 감시하며… 주봉에 가까워질수록 수풀은 더욱 우거지고 울창한 황룡강 쪽 숲은 사람의 발길이 한번도 닿지 않은 듯 싶었다.

가을의 정취와 함께 주봉을 돌아 다른 등산로로 내려오다보면 하늘을 덮은 빽빽한 시누대밭 등산로가 색다른 느낌을 준다.

약 1시간 여 동안 그렇게 복룡산에 빠져 있다 보면 어느새 다시 용동 마을로 돌아와 있다.

태조太祖임금이 다녀온 어등산御登山은 말한다

어등산(338m)은 광산구 행정의 중심지인 송정의 진산鎭山(도시

보광사

뒤쪽에 있는 그곳을 지키는 산)으로 광산구를 상징象徵(나타내는)하는 명산名山이기도 하다.

이 산은 등성이 깊고 골짜기가 길어 한말韓末 때 우리 의병義兵들과 왜병倭兵이 자주 싸운 전쟁터로 그 이름이 널리 알려져 있다.

그리고 이 산에는 옛날 불교佛敎의 영지領地(신령스러운 곳)로서 절터가 많으며 그 가운데 보광사普光寺 천운사天雲寺 등은 한때 번창했으나 지금은 헐리고 또는 옮겨가서 그 흔적만이 남아 있다.

이밖에 이 산속에 여기저기 흩어져 있는 명소名所(유명한 곳)를 살펴보면 양씨 삼강문梁氏 三綱門이 있는데 임진왜란壬辰倭亂과 정유재란丁酉再亂 때 나라 위해 목숨을 바친 제주양씨 일가濟州梁氏 一家 일곱분의 충절忠節(충성스러운 절개)을 기리기 위해 나라의 명령에 의해서 세운 정문旌門으로서 어등산 서쪽 산자락 박메마을 앞에 있으며 같은 구역 노동마을 앞에 관삼김씨 효렬정문孝烈旌門이 있는바 조선조 선조宣祖 때의 학자 사물당四物堂 김응기金應期선생이 그 어려운 과거에 들고도 부모님의 봉양을 위해 벼슬을 하지 않고 아버지의 병환이 위중하자 단지斷指(손가락을 잘라 피를 먹임)를 하고 끝내 상을 당하자 3년간 시묘살이侍墓(돌아가신 부모님 무덤 옆에 막을 짓고 지냄)를 하는 등 지극한 효행孝行과 그 손자며느리 나주나씨가 시집을 위해 자결한 곧은 행위를 기려 세문 정문이다.

어등산 남쪽골짜기 깊숙한 곳에 고즈너기 자리한 절골마을에는 연화약수蓮花藥水라는 석간수石澗水(돌 샘)가 있어 위장병과 성인병成人病(고혈압 동맥경화 등 노년기에 문제되는 병)에 효험이 있다고 알려져 사시사철 이곳을 찾는 도시민都市民의 발길이 끊기지 않는다.

그리고 어등산 남동쪽 산자락에 자리한 선암仙岩 마름에 세 가지의 값진 문화유산文化遺産(문화적인 흔적)이 있는데 그중 하나인 삼층석탑三層石塔은 일명 선암탑이라고 하며 구전口傳(기록은 없고 입으로 전해짐)에 따르면 원래는 오층이었는데 그 형태를 보아 고려 말기高麗末期의 것으로 여겨진다.

그리고 또 한 가지 선암장터는 이곳 어등산과 황룡강이 잇닿는 곳에 구한말 때까지 큰 시장市場이 섰는데 지금은 전답으로 변하고 일부에 세일가아든이란 요정이 들어서서 시민의 쾌적한 쉼터가 되어 있지만 옛날 어등산과 용진산을 근거로한 항일의병抗日義兵들이 이 시장을 통하여 의류, 양곡등 군수물자軍需物資(공덕을 칭송하여 세운 비)가 있고 6·25때 남편을 여의고 청상青孀(젊었을 때 된 과부)으로 슬하에 자식하나 없이 늙은 시어머님을 봉양하면서 수절 종생守節終生(절개를 지키고 생을 마침)한 창영조씨昌寧曺氏의 효열孝烈을 기리는 열녀비烈女碑가 마을 앞 큰 길가에 서 있다.

김응기金應箕 1455(세조 1)~1519(중종 14). 조선 중종 때의 문신. 자는 백춘伯春, 호는 병암屛菴, 시호는 문대공文戴公. 1477년(성종 8) 문과에 급제. 1499년 동지중추부사로서 천추사千秋使가 되어 명나라에 다녀왔다. 1504년 갑자사화甲子士禍로 문외출송門外黜送되었다가 공조참판을 거쳐 이조·예조·병조·공조판서를 역임하고 1513년(중종 8) 우의정·좌의정을 거쳐 영중추부사領中樞府事를 지냈다.
【참고문헌】 성종실록成宗實錄, 연산군일기燕山君日記

무등산

산이 있으면 오르게 마련이다. 광주에는 무등산이 있다. 무등산은 광주시민들의 숨결이며 마음씨다. 무등산은 광주를 감싸 안고 있고, 광주시민들은 무등산을 바라보며 지낸다. 흔히 광주인의 기질은 무등과 닮았다고 한다.

무등산은 높고 낮음이 없고, 어디서 보나 어머니의 품처럼 넉넉하고 푸짐하다. 우리는 조상대대로 사시사철 무등의 품안에서 계절의 변화를 느끼며 괴로울 때나 즐거울 때나 무등에 기대어 살아왔다.

무등산은 마한·백제시대에는 무돌·무당·무덤산이라 불렀고 통일신라 이후 무진악·무악으로, 고려시대 때 서석산이라 불리다 조선 시대에 이르러 처음으로 무등산이라고 하였다.

무등산에서 사람의 발자취는 선사시대 에서부터 시작된다. 충효동 지역에 분포되어 있는 청동기시대 고인돌 유적은 이곳에 선사시대부터 사람이 살고 있었다는 것을 입증해준다. 그리고 백제시대에는 무등산에 성을 쌓 았는데 백성들은 그 덕으로 편안하게 살수 있다고 즐거워하면서 '무등산가'를 지어 불렀다고 한다.

오늘날 무등산에는 여러 곳에 성터가 남아 있는데 충효동 성안마을도 돌을 인공으로 쌓았던 흔적 들이 남아 있어서 대대로 성이 존재하였던 사실을 확인 할 수 있다.

통일신라시대에는 많은 사찰이 세워졌으며 고려시대에는 영험 있는 산이라 하여 국제가 행해졌다.

조선시대에는 오늘날과 같은 광주시내 중심지역에 정사각형에 가까운 성이 둘러졌고 광주와 격리된 무등산은 쇠, 도자기, 종이 등을 만드는 상공업자들의 생활무대가 됐다.

그 유적으로는 금곡동의 야철지, 충효동의 분청사기 가마터가 있으며 이곳에서 중앙관아에 납품되는 최고의 제품들이 만들어졌다.

산기슭에는 증심사, 원효사, 약사사, 규봉암 등 여러 사찰이 산재해 있고 절마다 천년의 세월과 더불어 숱한 전설과 소중한 문화재를 보유하고 있다.

이박에도 국난이 있을 때마다 수많은 구국의 의병장들이 무등산에서 호국의 뜻을 담았으며 산의 북쪽 기슭인 충효동에는 환벽당과 식영정, 소쇄원과 같은 누정이 있어 많은 명현들이 가사문학의 중심과 선비정신의 터를, 의재 허백련이 창작과 제자 기르는 일에 몰두하면서 남화의 대가로서 한 세계를 이룬 곳도 무등산이다.

여기에 영산강 유역 제1단계 개발사업으로 준공을 본 광주호의 물이 마을 앞에 넘실거려 호반의 명승지가 되었다. 현재 무등산에는 153과科 897종의 한국온대식물이 골고루 분포되어 있다고 한다.

이러한 식물이 철에 살리기 위하여 전라남도는 1972년 5월 22일 공고 제 85호로 무등산을 도립공원으로 지정하여 집단시설을 갖추고 있다.

무등산을 찾는 산행객이나 관광객도 해마다 늘어가고 있다.

생활수준의 향상에 따른 레저생활의 대중화와 80년대 광주민주항

쟁으로 말미암은 무등산에 대한 관심의 확산, 교통의 개선 등은 행락객과 산행객의 폭증을 유발하고 있다.

　이로 말미암은 자연의 훼손과 오염이 우려되고 있는 가운데 광주호 주변의 관광지 개발계획과 광주 제2순환도로의 건설 온천개발계획 등이 심각한 문제로 대두되어 무등산 보호단체 뿐만 아니라 전시민적인 관심을 집중시키고 있다.

광주광역시 북구 지명의 유래

자미탄紫薇灘의 유래

자미탄은 식영정息影亭 앞 절벽 아래로 원효계곡에서 흐르는 창계천이 있었으며, 이곳에 백일홍百日紅(배롱나무)가 무성하게 자라고 있어 7월부터 9월까지 진홍색 백일홍 꽃이 만발해 창계천 여울에 비춰졌다.

그러나 1974년 광주호 댐 공사로 그 아름다운 절경絶景이 모두 물속에 잠겨 버렸다.

이른바 성산사선星山四仙이라 하던 석천 임억령, 서하당 김성원, 제봉 고경명, 송강 정철 등이 식영정과 환벽당을 오가며 작시제영한 '息影亭二十詠식영정이십영'이 있으며,

'식영정 20경' 가운데 이들 성산사선들이 찬미하는 시詩를 읊었던 한곳을 자미탄(백일홍 꽃 핀 여울이란 뜻)이라 불려 왔다.

충장로의 연유

김덕령金德齡장군과 충장로

김덕령 장군은 1567(선조 즉위년)~1596(선조 29) 임진왜란 때의 의병장이었고, 본관은 광산이며, 자는 경수景樹, 광주 출신, 아버지는 붕섭鵬燮이며, 어머니는 남평반씨南平潘氏로 직장直長 계종繼宗의 딸이다.

20세에 형 덕홍德弘과 함께 성혼成渾의 문하에서 수학하였다. 1592년 임진왜란이 일어나자 형과 함께 의병을 일으켜 고경명高敬命의 막하에서 전라도 경내로 침입하는 왜적을 물리치기 위해 전주에 이르렀을 때 돌아가서 어머니를 봉양하라는 형의 권고에 따라 귀향하였다.

성혼 묘비

1593년 어머니 상중에 담양부사 이경린李景麟, 장성현감 이귀李貴 등의 권유로 담양에서 의병을 일으켜 세력이 크게 떨치자, 선조로부터 형조좌랑의 직함과 함께 충용장忠勇將의 군호를 받았다.

1594년 세자의 분조分朝로 세워진 무군사撫軍司에 지략과 용맹이 알려져 세자로부터 익호장군翼虎將軍의 칭호를 받았다. 이어서 선조로부터 다시 초승장군超乘將軍의 군호를 받았다.

이귀의 초상

그 뒤 최담년崔聃年을 별장으로 삼아 남원에

머물다가 다시 진주로 옮겼는데, 이때 조정에서는 작전상의 통솔과 군량조달의 문제로 각처의 의병을 통합, 충용군에 속하도록 하였다. 이로써 의병장이 되어 곽재우郭再祐와 함께 권율權慄의 막하에서 영남 서부지역의 방어임무를 맡았다.

　왜적의 전라도 침입을 막기 위하여 진해·고성 사이에 주둔하며 적과 대치하였으나, 이때 강화회담이 진행 중이어서 별다른 전투 상황도 없고, 또 군량의 부족으로 그 예하 3,000여 명 가운데 호남 출신 500여 명만 남기고 모두 귀농시켰다.

　그해 10월 거제도의 왜적을 수륙양면으로 공격할 때 선봉장으로 활약하여 이를 크게 무찌르고 이어서 1595년 고성에 상륙하려는 왜적을 기습, 격퇴하였다.

　그 뒤 진주에 둔전을 설치하는 등 장기전에 대비하여 출전의 차비를 갖추었지만, 강화의 추진으로 출전의 기회가 주어지지 않자 울화가 생겨 과음을 하고 군법을 엄하게 다스려 막료·군졸 간에 불평의 소리가 높았고, 조정에서도 실망한 나머지 그에 대한 논의가 빈번히 제기되었다.

　1596년에는 도체찰사 윤근수尹根壽의 노복을 장살하여 투옥되었으나 영남유생들의 상소와 정탁鄭琢의 변호로 곧 석방되었다.

　그 해 7월 홍산鴻山에서 이몽학李夢鶴이 반란을 일으키자 도원수 권율의 명을 받아 진주에서 운봉雲峯까지 진군했다가, 난이 이미 평정되었다는 소식을 듣고 광주로 돌아가려 하였으나 허락받지 못해

고언백의 묘비

진주로 돌아왔다.

이때 이몽학과 내통하였다는 충청도체찰사 종사관 신경행辛景行과 모속관募粟官 한현韓絢의 무고로 최담년·곽재우·고언백高彦伯·홍계남洪季男 등과 함께 체포되었다.

이에 정탁·김응남金應南 등이 그의 무관함을 힘써 변명하였으나 20일 동안에 여섯 차례의 혹독한 고문으로 옥사하였다. 체구가 작지만 날래고 민첩하며 신용神勇이 있었다고 용력에 대한 전설적인 이야기가 많다.

1661년(현종 2)에 신원伸寃되어 관작이 복구되고, 1668년 병조참의에 추증되었다.

1681년(숙종 7)에 다시 병조판서로 추증되고 1710년에 봉사손奉祀孫인 수신守信도 녹용되었다. 1788년(정조 12) 의정부좌참찬에 추증되고 부조특명不祧特命이 내려졌다.

죽기 전에 지었다는 시조<춘산곡春山曲> 한 수가 전한다. 1678년(숙종 4) 광주의 벽진서원碧津書院에 제향되었는데, 이듬해 의열사義烈祠로 사액되었다.

시호는 충장忠壯이다.

[참고문헌] 선조실록宣祖實錄, 선조수정실록宣祖修正實錄, 조야집요朝野輯要, 해동명신록海東名臣錄, 호남절의록湖南節義錄, 연려실기술燃藜室記述

김덕령金德齡의 정치살인政治殺人

임진왜란 때 의를 세운 광산김씨로는 김덕령장군을 들 수 있다. 한국역사에서 비범非凡은 항상 비운非運이었으며 그 전형적인 일생을 그가 살다가 죽었다.

이 조정의 비범공포非凡恐怖는 그 비범을 모역謀逆과 연관지어 생각한데서 비롯되었고 그 비범이 소년기에 나타나면 불문율에 의한 사사령賜死令이 내리고 장년기에 나타나면 무고誣告로 죽이게 마련이었다.

김덕령의 비범성이 기록된 문헌들의 구절을 모두어본다. 김덕령은 광주光州 석저촌石底村 사람이다.

용맹이 뛰어나서 달아나는 개를 쫓아가 잡아서 그 고기를 찢어서 다 먹기도 하고, 말을 타고 달려서 작은 창문으로 한 칸 방에 들어갔다가 곧 말을 돌려서 뛰어 나가기도 하며, 다락 지붕 위에 올라가서 옆으로 누워 굴러서 첨하檐下를 타고 떨어져서 다락 안에 들어가기도 했다.

<명신록名臣錄> 소년 때부터 날랬기로 남도南道에서 사나운 말을 다잡는데 그를 멀리서 불러다가 길들이기도 했다. 이 용력을 나라에서 쓰도록 천거한 이귀의 글귀에「지혜는 공명孔明과 같고 용맹은 관우關羽보다 낫다」하였다. 그가 임전했을 때는 항상 철퇴鐵槌 두 개를 허리의 좌우에 차고 다녔는데 그 무게가 백 근이나 되었으니 팔도에서 그를 신장神將이라 불렀고 왜군들도 그의 용명을 무척

두려워했던 것 같다.

왜장 가등청정加藤淸正이 그 명성을 듣고 몰래 화공畵工을 보내어 그 얼굴을 그려다가 보고는 「참 장군이다」하고 항상 계엄하였다.

뒤에 그가 죽었다는 말을 듣고 참인지 거짓인지를 알고자 하여 그를 면대할 수 있도록 원수부元帥府에 청하니, 원수는 집에 돌아가서 상喪을 마치게 했다고 속여 대답하였다. 후에 그가 죽었다는 것을 확인하고는 술을 마시고 기뻐 날뛰면서 이제 「양호兩湖는 걱정없다」고 했다.

<난중잡록亂中雜錄> 그가 태어난 마을이름을 따서 석저장군石底將軍이라고들 물렀는데 왜적들은 돌 밑에서 나온 장군으로 신비화하기까지 했다 한다.

이 같은 비범을 그는 국난國難의 구국救國에 바쳤던 것이다. 그가 의병을 일으킨 직접 동기는 그의 형의 전사에 자극을 받았기 때문이라 한다.

그의 기의격문起義檄文은 명문이다.

광주 상인喪人 김덕령은 도내 여러 고을 모든 군자에게 삼가 고한다.

김덕령은 일찍부터 구속받지 않는 기질에 청영請纓(한漢나라 때 종군終軍이 한무제漢武帝에게 갓끈 하나를 주면 남월왕南越王의 목을 그것으로 매어 죽이겠다는 충정忠貞의 고사故事 숙어熟語하려는 뜻이 간절하였다.

국난이 나자 곧 군중에 몸을 던지려 하였으나 늙은 어머니가 병을 얻어 봉양하고 싶은 심정 간절하고 붙드는 옷자락을 칼 빼어 끊는 짓은 차마 못하여 두 해를 엎드려 숨어 칼을 어루만지며 동쪽(일본쪽)을 돌아보고 있을 따름이었는데 이제는 어머니가 이미 별세하였으니 신하로서의 절의를 다할 수 있게 된 것이다.

미처 상을 못 마쳐 애통해하며 상복을 벗어 갑옷으로 바꿔 입었다. 방략方略은 표요嫖姚(한漢나라 때 지장智將)에게 부끄러우나 의기는 사아士訝(진晋나라 미인美人)를 사모한다. <일월록日月錄> 「비장裨將은 부절赴節」이라는 사호私號 등을 외치며 자부 김응회金應會 친군이 장사 최담령崔聃齡 등 五천 여명의 의병을 모았던 것이다.

그리고 그의 구호는 이러하다.

『동해를 건너 대마도와 대판大阪까지』 <일월록> <조야첨재> 등 국난기록을 보면 김덕령의 이렇다 할 전공戰功이 없었다 했다.

사실 왜적이 김덕령군을 피했으니 전공을 세울 수도 없었겠다. 그리고 마냥 그의 용명이 신비화하여 팔도에 퍼지자 조정에서는 이몽학李夢鶴의 반란이 일어난 것을 기화로 그와 공모했다고 끌어넣어 정치적 살인을 한 것이다.

김덕령이 까닭 없이 잡힘을 당하니 원통하게 여기는 자가 많았으나 요직에 있는 이가 모두 꺼려서 한 사람도 구救하는 자가 없었다.

곽재우 의병 유시비

혹 말을 퍼뜨려, "덕령이 사람 죽이기를 삼(麻)베듯 하였으며, 또 모반謀反할 상相이 있으니 죽이지 아니하면 반드시 후환이 있을 것이다"하고 형리에게 두들겨 죽일 것을 재촉하였다.

무릇 이육二六일 동안에 형장刑杖을 치며 심문하기를 여섯 차례나 하여 정강이뼈가 이미 그가 노하여 몸을 솟구치면 쇠사슬이 끊어졌다 하였고 옥중이나 옥문을 출입할 때면 그의 용력을 의심하여 큰 나무토막에다 묶고 좌우로 둘러싸서 다녔던 것이다.

그는 형장刑場에서 장살杖殺당했는데 그의 마지막 말은 다음과 같이 충정어린 것이었다.

"신이 이몽학과 더불어 모역의 뜻이 있었다면 당초에 권율원수權慄元帥의 명을 받고 어찌 이몽학을 처러 출병하였으며 또 명을 받고 고스란히 진鎭으로 돌아가겠나이까.
다만 신이 만 번 죽어도 용서받지 못할 죄가 있나이다.
계사년에 어머니가 별세하였는데 3년 상의 애통을 못다 치루고 한 하늘 아래 같이 살 수 없는 원수에 흥분하여 상옷을 벗어 던지고 찰을 잡고 나섰으나 여러 해 종군하여 조그만 공도 세우지 못했으니 충성도 이루지 못하면서도 도리어 효도만 어겼나이다.
차라리 그 죄로 나를 죽여주옵시고 죄 없는 최담령崔聃齡만은 죽이지 마시옵소서."

<조야첨재朝野僉栽> 그때 역시 김덕령 다음으로 용명을 날렸던 권인용權仁龍도 죄 없이 역적으로 얽어 옥사시켰고, 또한 의병장 곽재우 郭再祐도 유배시켰으니 이 임진국난에 충성을 다한 명의병장들을 이같이 무고로 숙청하였음은 이들의 명세名勢에 조정이 정치적 압력을 받았던 데서 고안된 정치숙청이었던 것이다.

곽재우 동상

이같이 하여 한국에서는 플러스적 가치의 훌륭한 비범들은 죽어갔으며 백성들은 비범을 중용中庸에 약화시켜 모든 분야에서 천재를 무화, 국력을 약체화해 온 것이다.

그의 부인 이李씨도 장군이 죽은 다음해인 1597년(선조宣祖 30년) 정유丁酉왜란 때 왜병의 추적을 받고 담양 추월산에서 투신자살하여 현손을 못남겼다.

호남의 심장지 금남로

정충신鄭忠信

1576(선조 9)~1636(인조 14). 조선 중기의 무신. 본관은 금성錦城. 자는 가행可行, 호는 만운晩雲.

정충신 초상

장만 장군

고려 명장 지地의 9세손으로 금천군錦川君 윤綸의 아들이다.

미천한 집에서 태어났으며, 절도영節度營에 속한 정병正兵이었고, 부府에 예속된 지인知印(통인通引)을 겸하였다. 1592년(선조 25) 임진왜란이 일어나자 광주목사光州牧使 권율權慄의 휘하에서 종군하였다.

이때 권율이 징계를 행재소에 전달할 사람을 모집하였으나 응하는 사람이 없었는데, 17세의 어린 그가 가기를 청하여 왜군으로 가득한 길을 단신으로 뚫고 행재소에 도착하였다.

병조판서 이항복李恒福이 그에게 사서史書를 가르쳤는데 머리가 총명하여 아들같이 사랑하였다.

이해 가을에 행재소에서 실시하는 무과에 응시

영의정 이항복

하여 합격하였다. 1621년(광해군 13) 만포첨사로 국경을 수비하였으며, 이때 명을 받고 여진족 진에 들어가 여러 추장을 만나기도 하였다.

1623년(인조 1) 안주목사로 방어사를 겸임하고, 다음해 이괄李适의 난 때에는 도원수 장만張晩의 휘하에서 전부대장前部大將으로 이괄의 군사를 황주와 서울 안산鞍山에서 무찔러서 진무공신振武功臣 1등으로 금남군錦南君에 봉하여졌다.

이괄과 친분이 두터웠던 그가 이괄의 난이 일어났을 때 자신의 결백을 나타내기 위하여 성을 버리고 달아난 문회文晦 등의 고발로 체포되었으나 은혜를 입고 풀려났다.

1627년 정묘호란 때에는 부원수를 지냈고, 1633년 조정에서 후금後金(청淸)에 대한 세폐의 증가에 반대하여 후금과의 단교를 위하여 사신을 보내게 되자 김시양金時讓과 함께 이를 반대하여 당진에 유배되었다가 다시 장연으로 이배되었고, 곧 풀려나와 이듬해 포도대장·경상도병마절도사를 지냈다. 1636년 병이 심하여지자 왕이 의관에게 명하여 치료에 진력하였으나 효험을 보지 못하였다.

죽은 뒤에 왕이 내시로 하여금 호상하게 하고 어복御服을 주어 수의襚衣로 하게 하였으며, 관청에서 의로써 장사를 치르게 하였다.

키가 작으면서도 씩씩하였고 덕장이라는 칭송을 들었으며, 민간에 많은 전설을 남겼다.

천문·지리·복서·의술 등 다방면에 걸쳐서 정통하였고, 청렴하기로 이름이 높았다.

광주光州 경렬사景烈祠에 제향되었다. 저서로 《만운집》《금남집錦南集》》《백사북천일록白沙北遷日錄》 등이 있다.

시호는 충무忠武이다.

[참고문헌] 선조실록宣祖實錄, 광해군일기光海君日記, 인조실록仁祖實錄, 국조인물고國朝人物考, 연려실기술燃藜室記述

금성정씨錦城鄭氏

시조始祖 및 본관本貫의 유래由來

시조始祖 정성鄭盛은 하동정씨河東 鄭氏 선조 遜位의 2 자子 세유世裕의 12세손世孫으로 1330년(충숙왕忠肅王 17) 문과文科에 급제及第하여 대광보국숭록대부大匡輔國崇祿大夫에 올랐으며, 금성군錦城君(나주羅州의 별호別號)에 봉封해졌으므로 후손後孫들이 하동정씨로부터 분적分籍, 세계世系를 계승繼承하고 있다.

《세계표世系表》

천 년의 세월도 잠깐인가

갯마을 간월도

충남 서산에는 유달리 대나무가 많다.

울타리를 만들거나 집 뒤의 바람을 막는데 사용된 대나무는 시골집의 정취와 분위기를 한결 돋워준다.

그리고 대나무는 뿌리에서 죽순이 한 번에 곧게 올라와 하루가 다르게 자란다 하여 일명 '도둑나무'라고 부르는데 이와 관련하여 다음과 같은 일화가 전해 온다.

한 농부가 밭에서 김을 매고 있었는데 갑자기 용변이 마려웠다. 급한 마음에 근처 대나무밭으로 달려간 농부는 모자를 벗어 옆에 놓고 볼일을 보았다.

한가하게 볼일을 마친 농부는 옆에 벗어둔 모자를 찾았으나 감쪽같이 없어졌다.

아무리 주변을 찾아봐도 모자가 보이지 않자 화가 치민 농부는 괜히 하늘을 쳐다보며 욕설을 하려는데 자신의 모자가 대나무 꼭대기에 걸려 있는 게 아닌가! 볼일을 보는 사이 대나무가 하늘 높이 자란 것이었다.

예로부터 이 지방 대나무는 곧고 단단해서 화살을 만드는데 많이 쓰였다 한다.

부석면에는 왕사王師에 오른 무학대사舞鶴大師가 달을 보고 문득 도道를 깨우쳤다는 간월도의 간월암看月岩이 있다. 조그만 바위섬인 간월암은 바닷물이 차면 길이 잠겨 썰물 때만 갈 수 있다.

무학대사가 태어난 곳은 간월도에서 가까운 인지면 모월리이다. 하루는 무학대사의 아버지가 나라에 진 빚을 갚지 못하자 어머니가 대신 관청에 끌려가게 되었다.

그런데 포졸에게 잡혀가는 도중 갑자기 산기를 느낀 어머니가 해산할 곳을 찾았으나 온 산이 눈으로 덮여 마땅한 장소가 없었다.

그런데 마침 눈이 쌓이지 않은 곳을 발견하여 그곳에서 급히 출산을 하게 된 어머니는 간단한 옷가지로 아기를 덮어둔 채 지친 몸으로 포졸을 따라갔다.

현감은 오는 도중에 있었던 얘기를 전해 듣고 불쌍한 생각이 들어 어머니를 그냥 돌려보냈다.

어머니가 급히 아기가 있는 곳으로 달려가 보니 놀랍게도 큰 학 1마리가 두 날개를 펴서 아기를 감싸고 있었다.

그래서 아이의 이름을 무학舞鶴이라 짓고 태어난 곳을 '학돌재'라 불렀다.

간월도 특산물인 '어리굴젓'은 무학대사가 이곳에 기거하며 임금께 진상한 후로 항시 수라상에 오르는 반찬이 되었다 한다. 어리굴젓은 갯벌의 바위에 붙은 굴[석화石花]을 일일이 조세(꼬챙이)로 찍어 따고 바닷물로 잘 씻어 소금에 절인다. 며칠 후 굴이 발효되면 고운 고춧가루로 버무려 굴젓을 만든다.

이곳은 해미산과 가야산에서 흘러드는 물이 바다와 만나는 곳이기 때문에 굴의 산지로 적합하다.

그래서 다른 지방의 굴에 비해 크기도 작고 색깔이 거무스름하며, 물 날개(굴의 털, 널검지)가 많아 단맛도 나고 비린내가 없다 한다.

또 이 섬의 '새조개'는 껍데기가 얇고 새처럼 부리가 있어 그 부리를 뻗어 움직이면 단번에 몇 미터를 움직인다.

정약전丁若銓이 지은 『자산어보玆山魚譜』에서는 이 조개를 '새조개䧳雕開' '작합雀蛤(참새조개)' 라 했으며 이렇게 덧붙이고 있다.

> "크기는 4~5촌이고 껍데기는 두꺼우며 매끄럽다. 참새 색깔 무늬가 있고 참새의 털과 비슷하여 혹시 참새가 사는 곳에서

나오지 않았나 싶다. 북쪽에는 흔한데, 남쪽에는 귀하다."

지금은 매우 귀해 이곳에서 잡히는 조개는 전량 일본으로 수출되고 남자 몸에 좋다 하여 찾는 사람이 많다.

정충신 장군의 묘소

기지와 재치로 장군이 된 정충신

서산읍에서 대산리 방면으로 29번 국도를 타고 가면 대요리가 나온다. 이 마을 방앗간 옆으로 '진충사振忠祠'를 알리는 푯말이 서 있다.

진충사는 금남군錦南郡 정충신鄭忠信(1576~1636)의 영정을 모신 사당으로 1968년에 세웠으며 주변은 국고의 지원을 받아 1978년에 정화했다.

진충사는 정면 3칸, 측면 1칸의 작은 사당으로 처마 밑에는 정충신이 남긴 시조 한 수가 걸려 있다.

공산空山이 적막한데 슬피 우는 저 두견아

촉국 흥망이 어제 오늘 아니거든
지금히 피나게 울어 남의 애를 끊나니

사당 안에 모셔진 정충신의 영정은 관복을 입고 앉은 모습이다. 체구는 몹시 왜소하고 유난히 짧은 수염에 갸름한 얼굴의 눈에는 섬광이 번뜩인다.

복식은 북청색 운문단에 문사각紋紗角 사모를 썼고 흉배는 주홍색 해치흉배로 좌우에는 구름이 날고 오른쪽에는 모란을 수놓았다.

영정에는 '금남군시충무정공유상錦南君諡忠武鄭公遺像'이란 글귀가 있는데, 이것으로 미루어 1685년 이후에 그려진 것임을 알 수 있다.

중요민속자료 제36호로 지정된 정충신의 갑옷·사명기·영정·향로·향합 가운데 특히 갑옷은 1630년 수군부원수로 병란을 토벌할 때 인조가 직접 하사한 것이다.

정충신의 묘는 사당 뒷산에 있다. 사당 앞으로 난 마을길을 따라 1킬로미터쯤 가면 고개가 나오고 이곳에서 왼쪽 산으로 500보 정도 걸으면 2기의 묘가 있다.

정충신과 부인을 모신 쌍분인 이 묘 앞에는 오래된 비석이 서 있고, 양 옆으로 동자상이 서 있다.

묘비에는

'정경부인 하양허씨지묘 증숭정대부판돈녕부사행갈성위출기핵력

'진무공신정헌대부평안도병마절도사팔도부원수금남군 정증시충무
공묘貞敬夫人 河陽許氏之墓 贈崇政大夫判敦寧府事行竭誠威
出氣核力振武功臣正憲大夫平安道兵馬節度使八道副元帥錦南
君 鄭贈諡忠武公墓'

라고 씌어 있다.

당진에 잠깐 유배된 일밖에 없는 정충신이 왜 이곳 충청도 서산 땅에 묻히게 되었는지는 알 수 없다.

술을 올린 뒤 정충신이 평생을 모신 이항복 선생은 포천에 잘 계시다고 일러주었다.

장차 크게 쓰일 아이

서산군 지도

정충신은 본관이 광주光州고 호는 만운晩雲이다.

고려 말 명장 정지鄭地의 9대손으로 전남 광주 향교동에서 태어났다. 일설에 따르면 정충신의 아버지는 광주 향청鄕廳의 좌수座首였다 한다.

나이 60이 되도록 자식이 없던 그가 어느 날 꿈을 꿨는데, 무등산이 갈

라지며 청룡이 뛰어나와 자기에게 달려들었다. 깜짝 놀란 아버지는 괴이하게 생각하면서 다시 잠이 들었다. 그런데 이번에도 또 산이 갈라지고 백호가 달려 나와 품에 안겼다.

그는 놀라 일어나 뜰을 배회하던 중, 마침 부엌에서 잠든 여종을 보고 마음이 동해 잠을 자니 그때 얻은 아들이 정충신이다.

정충신은 여러서부터 영리하고 재치가 뛰어났다.

그가 절도사영節度使營의 통인通引(연락병)으로 근무할 때 임진왜란이 일어나 광주목사 권율의 휘하에서 종군했다.

당시 권율 장군은 장계狀啓(감사나 왕명으로 지방에 나간 관원이 글을 써 올리는 계본)를 임금이 계시는 의주義州 행재소行在所에 전달할 사람을 모집했는데 그때 17세인 정충신이 지원했다.

어린 그가 장계를 갓 속에 감추고 칼을 지팡이 삼아 수천 리 길을 걸어 행재소에 도착하자 병조판서 이항복은 그를 눈여겨봤다.

그리고는 부하에게 이렇게 일렀다.

"이 아이는 먼 곳에서 왔고, 또한 잘 곳이 없으니 내 집에 있게 하여라."

그날부터 정충신은 이항복의 집에 머물면서 사서史書를 배웠다. 총명한 정충신의 글이 나날이 좋아지자 이항복은 그를 친 자식 만큼이나 사랑하였다.

정충신은 당시 그 집을 드나들던 이시백李時白·장유張維·최명

길崔鳴吉과 교유하면서 학문과 무예를 배워 그해 가을 행재소에서 실시한 무과에 당당히 합격했다.

임금은 이항복에게 이렇게 말했다.

"경이 일찍이 충신이 재주 있다고 하더니 내 그를 보리라."

이어 임금이 보시더니 이렇게 평했다.

이시백

"아직 나이가 어리나 장차 성장하면 크게 쓰임이 있겠다."

그리고 나서 장만張晩의 부하로 삼아 그를 돕도록 했다.

정충신의 체구는 비록 작았으나 일을 처리하는데 예지가 남달랐다.

어느 날 조정으로부터 건주建州에 가서 오랑캐의 정황을 살피고 오라는 명령을 받았다.

적정을 탐지하고 돌아온 정충신은 염려하며 말했다.

"오랑캐는 장차 중국에 큰 재난을 줄 것이니, 어찌 우리나라의 걱정거리일 뿐이겠습니까?"

이 무렵은 인조반정으로 광해군이 폐위되고 인조가 등극하자 그

때까지 정권을 장악해 온 북인이 물러나고 서인이 득세했다. 그러나 인조를 옹립한 서인들은 논공행상으로 서로 분열되고, 자신의 공로를 인정받지 못한 이괄은 불만을 품고 반란을 일으켰다.

인조반정에 공을 세운 이괄은 2등공신이 되어 한성부윤이 되었으나 곧 평안병사 겸 부원수로 압록강변을 지키는 국경 수비로 출진하고 그 후 도원수 장만의 휘하에 속한 평안병사로 좌천되었다.

그러자 이에 불만을 품고 반란을 도모했다.

그러나 이괄의 휘하에 있던 문회文晦가 반란 계획을 조정에 밀고했다. 그러자 조정에서는 사람을 보내 이괄을 회유하려 했으나 오히려 그 사람의 목을 베어버렸다.

구성龜城부사로 있던 한명연韓明璉은 은밀히 이괄과 합세한 후 장만에게 말했다.

"충신은 이괄과 한패입니다."

그러나 장만은 그 말을 믿지 않으며 반문했다.

"그 사람이 어찌 임금을 배반하고 역적을 따르겠는가?"

압록강

이괄은 1만 2천 명으로 조직된 막강한 군대와 탁월한 작전으로 순식간에 한양까지 점령했다.

그러자 인조와 조정 대신들은 급히 공주로 피난을 갔다. 일개 지방관의 반란에 임금이 피난까지 가야하는 무력한 왕권임을 여실히 보여준 사건이었다.

그러나 파죽지세로 밀고 내려오던 반란군은 장만이 거느린 관군에 의해 길마재에서 대패한 후 이천 쪽으로 도망쳤다. 겁이 난 부하 이수백과 기익은 마음을 바꾸어 이괄의 목을 베어버리고 반란은 곧 진압되었다.

이때 도원수 장만이 안주목사로 있던 정충신에게 대책을 물었다.

"적에게는 상·중·하의 세 가지 계책이 있습니다. 은銀과 인삼을 후히 바치고 모문룡毛文龍과 결탁하여 청주 이북에 웅거하며 여러 성의 부서를 맡겨 한 도를 호령하는 것이 상책이요, 몰래 오랑캐 추장들과 결탁하여 성세聲勢에 기대는 것이 중책이요, 샛길로 빨리 달려 곧장 서울로 향하는 것이 하책입니다."

장만은 이야기를 다 듣고 나서 또다시 물었다.

"네 생각으로는 적이 어느 계책을 쓰겠느냐?"

이에 정충신은 대답했다.

"반드시 하책으로 나올 것입니다."

그러면서 자기가 안주를 지키지 않고 곧바로 장만의 휘하로 온 까닭을 얘기했다.

과연 정충신의 말은 그대로 적중하여 관군은 이괄의 군사를 황주와 안산에서 무찔렀다.

그때 서북풍이 거세게 불어 반란군은 바람 부는 아래쪽에 있다가 먼지와 모래를 얼굴에 뒤집어쓰고 허둥거렸다.

그러자 관군은 분발하여 일시에 적군을 물리치고 이괄의 잔당을 체포하여 처단했다.

이 공로로 정충신은 진무공신振武功臣 1등 금남군錦南郡에 봉해졌다.

그러나 이괄 일당이 후금으로 도망쳐 인조가 왕에 등극하여 여진족을 멀리하고 명나라만 섬기는 것은 부당하다며 호소하였다. 그러자 기세만 엿보고 있던 후금이 1627년 보복을 구실로 3만의 군사로 조선을 침략한 정묘호란이 일어났다. 그러자 인조와 대신들은 강화도로 피신하고 이어 화친을 맺었다.

그러나 후금이 조선에 대해 무리하게 조공을 요구하고 심하게 독촉하다 조선은 수금과 단교를 계획했다.

이를 두고 정충신은 후금과 국교를 단절하면 다시 침입해 올 수도 있으니 조선이 군사력을 키울 때까지는 적당히 그들의 비위를 맞추어주는 것이 옳다는 실리를 주장했다.

그러나 정충신의 실리외교는 명분에 사로잡힌 임금의 노여움을 사서 당진과 장연으로 유배를 가야 하는 처지가 되었다.

정묘호란 때 부원수를 지냈던 정충신이 북변수장北邊守將으로 있을 때 하루는 다음과 같은 시를 읊었다.

천 년의 세월도 잠깐인가
문숙공(윤관 장군?)의 묘비에는 이끼가 얼룩지었네
가소롭다 옥문관의 반초 장군이여
몇 년을 고생하며 살아 돌아오길 바랐던가

그 후 정충신은 포도대장과 경상도 병마절도사를 지낸 뒤 1636년 지병으로 세상을 떠났다.

왕은 그의 병이 점점 위독해지자 의원을 보내 병을 치료하게 했고, 죽은 뒤에는 옷을 하사해 수의로 쓰게 했으며 시호는 충무忠武가 내려졌다.

사활을 건 내기 바둑

정충신이 이항복의 집에 머물고 있을 때였다. 하루는 이항복의 아들이 내기 바둑을 두자며 졸랐다.

만약 자기가 지면 목을 내놓고 정충신이 지면 집을 나가기로 약

속했다. 서로 사활을 걸로 바둑을 두었는데, 결국 아들이 졌다.

혼비백산한 그가 아버지에게 뛰어가 살려달라고 애원하자 자초지종을 들은 이항복은 아들에게 호통을 쳤다.

"장부라면 당연히 목을 내놓아야 한다."

정충신은 차마 목은 베지 못하고 상투만 잘랐다.

당시 상투가 잘린다는 것은 죽는 것이다 다름없으니, 얼마나 비장한 각오로 정충신이 일에 임했는지를 보여주는 일화이다.

또 하루는 이항복이 정충신이 얼마나 신중한지를 시험하기 위해 미리 물그릇을 들창 위에 얹어놓고 소낙비가 내리니 급히 문을 닫으라고 했다.

그러자 정충신은 황급히 일어나 들창 위를 손으로 확인해 보고 물그릇이 있자 그것을 내려놓고 문을 닫았다 한다.

인목대비 폐모론을 반대한 죄로 이항복이 북청으로 귀양갈 때 정충신은 한결같은 정성으로 그를 모시며 따라갔고 그가 귀양지에서 죽자 3년 동안 애도하며 마음으로 상을 치렀다.

이항복 묘비

이항복이 유배를 가는 도중 함흥감사의 영접을 받은 일이 있었다. 아무리 삭탈관직을 당하고 귀양 가는 몸이었지만 국가의 원로이니 감사로서도 대접하지 않을 수 없었다.

위로연이 마련되자, 감사는 한 노기老妓에게 말했다.

"네가 오성대감을 울리면 돈 천 냥을 주겠노라."

그러자 기생은 중국 후한 때 제갈량諸葛亮이 지은 「출사표出師表」를 감정을 넣어 읽었다. 그러자 이항복은 '국궁진췌사이후이기鞠躬盡瘁死而後而已(백성들은 궁하고 병사들은 지쳐 있습니다. 그럼에도 대산을 멈출 수 없습니다.)' 대목에 이르러서는 눈물을 비 오듯 흘리며 감사에게 돈 2천 냥을 빌려달라고 하여 기생에게 주었다.

결국 기생은 감사에게서 1천 냥, 이항복에게서 2천 냥을 받아 도합 3천 냥을 벌었다.

북청에 유배된 이항복은 죽음이 가까워지자 이렇게 말했다.

"한이 되는 것은 없으나 다만 정충신을 한 번 더 보고 싶고, 동대문 밖 미나리를 한 번 더 먹고 싶을 뿐이다."

그때 마침 정충신은 볼일이 있어 서울에 다니러 갔고, 미나리는 그곳 북청에서는 구할 수 없었기 때문에 모두 낙담만 하고 있었다.

그때 사립문이 덜컹거리며 정충신이 동대문 미나리를 한 짐 짊어지고 돌아왔다.

이에 이항복은 죽기 전에 2가지 소원을 한꺼번에 이루었으니, 얼마만큼 두 사람의 마음이 잘 통했는지를 알 수 있다.

정충신은 키와 몸집은 작았지만 눈은 샛별같이 반짝였고 지략이 뛰어났다. 한 번은 큰 도적이 한양에 들어온 일이 있었다. 그러자 포도청에서 백방으로 도적을 잡으려고 애를 썼으나 허사였다.

남대문(숭례문) 현판

하루는 정충신이 남대문을 지키고 있는데 상여가 성문을 빠져나가려 했다. 그런데 상주 얼굴을 유심히 보니, 얼굴을 눈물 자국이 없었다.

이상히 여긴 정충신은 즉시 상여를 세우고 관을 열어 관 속에 숨어 성을 빠져나가는 도적을 잡았다.

꽃게잡이 어부와 해골

서산을 찾으면 반드시 태안군 소원면 모항리의 꽃게를 먹게 된다. 그것은 이 지역 꽃게의 맛이 신선하고 뛰어나기 때문이다.

일명 '백리포 꽃게'로 불리는 꽃게에 얽힌 일화가 근흥면 정죽리 안흥항安興港에 다음과 같이 전해 오고 있다.

안흥항은 옛날 중국 사신들이 드나들던 국제 항구였다.

『신증동국여지승람』에 따르면 안흥항은 군 서쪽 35리 지점에 있는데, 옛날에는 난행량難行梁이라 하여 바닷길이 매우 험했다.

따라서 전라도의 곡식을 한양으로 운송하는 조운선이 자주 이곳에서 난파되었다.

그러자 이곳 사람들은 그 이름을 싫어해 안흥량安興梁이라 고쳐 부르고 지령산知靈山에 안도사安渡寺를 지어 편안한 뱃길을 기원했다.

1985년 안흥의 한 꽃게잡이 어부가 하루는 안흥항에서 거의 10시간이 걸리는 북한과 가까운 어장에서 꽃게를 잡았는데, 그물에 하얀 해골이 걸려들었다.

그런데 어부는 해골을 버리지 않고 집에 가져와 물로 깨끗이 씻은 후 백지白紙와 백포白布로 싸서 태안 성당으로 갔다. 천주교 신자인 그는 신부에게 장례를 치러줄 것을 부탁했다. 신부는 먼저 세례를 행하며 세례명을 '라파엘'이라 짓고 장례 미사를 치른 후 태안 천주교 교회 묘지에 묻어주었다.

그로부터 사흘 후 어부가 꿈을 꾸는데 흰 옷을 입은 청년이 꿈속에 나타나 거듭거듭 절을 한 뒤 사라졌다.

그런데 신기한 일은 그로부터 그 어부 그물에는 항시 꽃게가 그득그득 잡혀 그는 안흥항에서 꽃게를 가장 많이 잡게 되었다 한다.

지금도 태안읍 남산리 공동묘지에는 생년월일과 이름도 없이 그저 '라파엘'이라 쓴 비석이 있으며, 그 어부는 한식과 추석 때마다 해를 거르지 않고 벌초뿐만 아니라 꽃까지 꽂아준다고 한다.

금빛 모래가 수평선까지 뻗어 있고 시원한 소나무 숲이 있는 안면도安眠島는 본래 섬이 아니었다.

바닷길이 험한 안흥량을 지나면서 배가 자주 뒤집히자 나라에서는 좀 더 안전한 뱃길을 찾아 현재 안면교[옛 이름은 흥인교興仁橋]에 수로[운하運河] 공사를 하였다.

태안지방은 예로부터 외적의 침입이 잦았고 운하건설에 부역으로 동원되는 등 백성들이 살기 어려운 고장으로 이름이 나 있다. 이곳에 고달픈 삶을 읊은 시가 전해온다.

>선비지 살림살이 유월에도 썰렁하여
>해가 중천인데도 사립문은 닫혀 있네
>전대에 돈이 없어 시장도 멀어졌고
>오두막 부엌에는 곡식 없는 냄비만 한가로이 걸려있네
>공연히 떡 사주마,
>엿 사주마 하며 어린 것들 이마를 만지니
>스스로 부끄러워 아내 얼굴을 물끄러미 바라본다
>이웃집 할머니 다행히 모내기 밥을 가져와서
>우연히 풍년 들어 온 집안이 화목 했네

이 시는 궁궐에까지 전해져서 임금은 그 선비를 불쌍히 여겨 대흥군수로 임명했고 그 선비는 가난을 면했다 한다. 대흥이 어떤 곳인지 알 수는 없으나 안흥이 안면도와 대흥도大興島를 합한 땅 이름이고 보면 이곳의 어떤 섬이었을 것으로 추측된다.

정충신장군이 남긴 금남로

인조대仁祖代의 명장名將으로서 자字는 가행可行, 광주光州가 본관本貫이다.

임진왜란壬辰倭亂 때에 권율장군權慄將軍 밑에서 많은 공功을 세워 출세出世하게 되었다.

인조仁祖 2년에 이괄李适이 반叛하자 부원수副元帥로서 원수 장만張晩을 도와 공을 세웠으며 정유호란丁卯胡亂에도 역시 부원수로서 활약하였다.

> 공산이 적막한데 슬피 우는 저 두견아
> 촉국 흥망이 어제 오늘 아니어늘
> 지금히 피나게 울어 남의 애를 끊나니

[공산空山 – 사람의 기척이 없는 호젓한 산. 적막寂寞. 두견杜鵑 – 소쩍새. 촉蜀나라 망제望帝의 죽은 혼이 화해서 된 새라고 전한다. 늦봄에 남방南方에서 오는 철새인데 밤에 슬피 운다. 자규子規, 두우杜宇, 불부귀不婦歸 등의 딴 이름이 있다. 촉국흥망蜀國興亡 – 촉나라가 일어났다 망한 일. 참고參考를 보라. 아니어늘 – 아니거늘의 옛 말씨. 지금至수히 – 지금까지. 애를 끊나니 – 애를 끊느냐? 애는 창자의 옛말.]

사람 하나 얼씬거리지 않는 호젓한 산 속에서 슬프게 우는 저 소쩍새야. 촉나라가 일어났다 망한 것이 어제나 오늘의 일이 아니라, 아주 옛날에 있었던 일이거늘, 이제껏 피가 나도록 슬피 울어 듣는 사람의 간장肝腸을 이렇듯이 다 끊어 놓느냐?

참고로, 촉국蜀國 두견杜鵑 형주인荊州人 별령(鱉靈)이란 사람이 죽으므로 양자강楊子江에다 수장水葬을 지내니, 그 시체가 물살을 거슬러 올라가 촉나라 문산汶山 밑에 이르러 부활復活하여 망제에게 뵈었다.

망제는 그를 재상宰相으로 삼은 다음, 스스로 덕德이 폐령과 같지 못함을 깨닫고 사라져 없어지더니 자규子規(두견)로 화해 버렸다.

촉 사람들이 그 우는 소리를 자세히 들으니, 「나는 망제의 넋이니라」하더라고 한다.

금남군錦南君 사당祠堂 몰혁沒革 수

공公의 묘하墓下 고수동자좌古水洞子坐(지금의 서산군 지곡면 대요리)에 인조仁祖 10년(병자丙子 1635) 8월 정명正命으로 건축되었고 사불조지전賜不祧之典으로 불천지위不遷之位가 되었다.

영종英宗 10년(정사丁巳 1737) 10월에 정명으로 중수치제重水致祭하였으며 공의 5세손世孫 세흥世興(곡성현감谷城縣監)대代에 당진군정미면신시리唐津郡貞美面新是里(고명어시미古名於是尾)로 이축移築되어 향사享祀하다가 공의 9세손 재칠대在七代에(1897 丁酉 2월) 다시 서산군지곡면대요리瑞山郡地谷面大要里 종손댁宗孫宅 옆으로 신축新築하여 이르다가 1970년에 후손 및 김기풍金基豐(경주인

慶州人)선생先生의 건의로 현現 대요리677번지 내에 국비國費지원으로 본당本堂 및 삼문三門을 신축하고 진충사振忠祠라 이름을 지었다.

현판은 당시 국무총리國務總理 김종필씨金鍾泌氏의 휘호揮毫이다. 1978년도 정화淨化 종합계획으로 1979년 본당보수와 사적비史蹟碑를 건립하였다.

서산瑞山 지곡사地谷祠우외宇外에도 논산군노성면論山郡老城面에 부원수금남군정공유애비각副元帥錦南君鄭公遺愛碑閣이 이조 노종시老宗時에 명건命建 하였으며 퇴폐되어 7대손 기환가基煥家에 영정影幀을 모시고 12월29일 충무공忠武公의 생신날 후손 및 유림儒林들이 제사 지냈으나 현재는 전傳하지 않는다.

전북장수군계내면금곡리全北長水郡溪内面金谷里에 영정각影幀閣이 현존하며 경기도 포천군가산면금현리 광촌抱川郡加山面金峴理廣村부락에 백사이항복白沙李恒福 사당祠堂에 금남군의 영정을 모셨는데 1950년 6월 25일 사변 시에 영정이 분실 되었다.

광산군서창면심곡리光山郡西倉面心谷里 병천사秉川祠에 충무공의 신위패神位牌 모셨다. 1922년 애국지사 참봉參奉 지응현池應鉉 선생이 설립 금남군과 자기선조自己先祖의 위패와 영정을 모셨다 이며 청사青史에 빛날 것이다.

전라북도 순창 지명의 유래

기구했던 운명의 단경왕후端敬王后

단경왕후端敬王后 신씨(愼氏,1487년(성종 18)~1557년(명종 12))의 아버지는 익창부원군益昌府院君 신수근(愼守勤, 1450년(세종 32)~1506년(연산군 12))이며, 어머니는 권람(權擥, 1416년(태종 16)~1465년(세조 11))의 딸 영가부부인永嘉府夫人 안동 권씨安東權氏와 한충인(韓忠仁, 1435년(세종 17)~1504년(연산군 10))의 딸 청원부부인淸原府夫人 청주 한씨淸州韓氏이다.

신수근 묘소

소생모는 한씨이다.

조선 제11대 왕 중종의 비妃로 슬하에 소생이 없다.

단경왕후는 연산군의 비 신씨와 친정에서는 고모와 질녀 사이이고, 시가에서는 동서 사이가 된다.

권람 초상   한충인 묘비

【거창신씨 단경왕후를 중심으로】

단경왕후는 1487년(성종 18) 1월 14일 태어나, 13세인 1499년(연산군 5)에 성종의 둘째아들 진성대군(晉城大君: 후일 중종)과 가례嘉

禮를 행하여 부부인府夫人에 봉해졌다.

연산군의 황패荒悖가 날로 심해지자, 박원종朴元宗, 유순정柳順汀, 성희안成希顔등이 몰래 연산군을 폐하고 중종을 세우려는 계획을 세웠다.

성희안의 묘소

박원종의 묘소

박원종과 유순정은 모두 세종 장인인 심온의 외손들이고, 박원종의 부인 성씨와 성희안은 6촌간이다.

「중종조 고사본말」『국역연려실기술』권7

9월 3일 박원종·유순정·성희안 등이 신씨의 아버지인 신수근 등은 이미 제거하였고, 그 자제들은 부처해야 한다고 주장하였다.

"이번 이 거사는 신등이 수창首倡 선두하여 계책을 결정하고, 유자광도 와서 모의에 참여했습니다.

임사홍 묘비

신수근·신수겸慎守謙·신수영·임사홍 등은 반드시 없애 버려야 큰 공을 이룰 수 있었으므로 이미 제거했습니다. 그 자제들을 아울러 부처付處하여 후환을 방지하소서."
중략

『전주이씨대관』

신씨가 사가私家로 내쳐진 다음 날인 9월 10일 조정에서는 처녀를 간택하여 내직을 갖추고, 중궁 책봉을 서둘렀다.

예조판서 송일·참판 정광세鄭光世가 아뢰기를, "신씨가 이미 나갔으니, 처녀를 간택하여 내직內職을 갖추고, 또 중궁中宮 책봉할 일도 미리 거행하소서" 하니, '모두 아뢴 대로 하라' 전교하였다.

1507년(중종 2) 윤 1월 2일 "폐출된 왕비 신씨의 집과 연산비燕山妃 신씨의 집에 내시[내수內竪] 및 주방보는 사람을 모두 정하지 말라"는 전교가 내렸다.

박상의 묘소

김정의 묘소

류옥의 묘소

　중종의 계비로 숙의 윤씨가 왕비가 되었으며, 8년이 흐른 뒤인 1515년(중종 10) 2월 25일 원자(元子: 후일 인종)를 낳은 장경왕후 윤씨가 3월 3일 경복궁 별전別殿에서 25세의 나이로 승하하시자, 8월 8일 담양부사潭陽府使 박상朴祥·순창군수淳昌郡守 김정金淨·무안현감 류옥柳沃이 함께 폐비 신씨를 복위시키고, 중종을 위협하여 신씨를 폐출시킨 박원종 등의 관작을 추탈하라는 봉사封事로 올렸다. 후일 영조대왕이 늠연凜然하다고 감탄한 장문長文의 상소를 소개하면 다음과 같다.

　"삼가 생각하건대, 제왕의 하늘을 이어 극極을 세우는 도리는 처음을 바르게 하는 것으로 근본을 삼지 않음이 없습니다. 이러므로, 단서를 만들고 처음을 접하는 것이 올바른 데서 나오면 큰 기강과 큰 근원이 질서정연하게 빛나고, 위에서 움직이면 만 가지 일과 만 가지 교화에 미치는 것이 마치 그림자가 형체를 따르고 메아리가 소리에 응하듯 하여 무슨 일을 하든지 한결같이 올바르지 않는 것이 없습니다.

이와 반대로 하면서 교화의 성취를 바라는 것은, 비유하면 그 근원을 흐려 놓고 흐름이 맑기를 바라는 것과 같으니, 또한 어렵지 않겠습니까?

『역경易經』에 이르기를 '하늘과 땅이 있은 뒤에 만물이 있고, 만물이 있은 뒤에 남녀가 있고, 남녀가 있은 뒤에 부부가 있고, 부부가 있은 뒤에 부자가 있고, 부자가 있은 뒤에 군신이 있고, 군신이 있은 뒤에 상하가 있고, 상하가 있은 뒤에 예의禮義를 시행할 수 있다'

하였으며, 『시경詩經』의 대서大序에는 이르기를 '주남周南·소남召南은 처음을 바루는 도리요, 왕화王化의 기초이다' 하였습니다.

중략

지금 신씨는 폐위할 만한 까닭이 있음을 듣지 못하였음에도 전하께서 폐위하신 것은 과연 무슨 명분입니까?

정국(靖國: 중종반정) 당초에 박원종·유순정·성희안 등이 이미 신수근을 제거하고는, 왕비가 곧 그 소출이므로 그 아비를 죽이고, 그 조정에 서면 뒷날 후환이 있을까 염려하여, 바르지 못하게 자신을 보전하려는 사사로움을 위하여 폐위시켜 내보내자는 모의를 꾸몄으니, 이는 진실로 까닭도 없고 또 명분도 없는 것입니다. 신씨는 전하께서 용잠(龍潛: 즉위하기 전)하시던 처음부터 정복貞卜이 아름답게 화협하여 좋은 배필을 이루었고, 의식을 갖추어서 자전慈殿에게 알현하여 고부姑婦의 의리가 이미 정하여졌었습니다.

　전하께서 들어가 대통을 이으심에 미쳐서는 중곤(中壺: 왕비)의 자리에 나아가 신민臣民의 하례를 받으시고 묘사의 신주神主를 받드셨으니, 전하에게는 배필이 이미 세워졌고 조종祖宗·신기神祇에게는 빈조(蘋藻: 제물祭物)를 받듦에 맡길 곳이 있게 되었고, 국인에게는 모후母后의 명분이 밝혀졌고, 자전께서는 뜻을 거슬렸다는 꾸지람이 없으셨고, 자주(第稠: 임금을 모시는 내실인 데 내교內敎의 뜻)에는 버릴 만한 허물이 없었고, 신인神人이 슬퍼하고 원망하는 허물이 없었는데, 전하께서 강한 신하의 제어를 받아 능히 그 항려(伉儷: 배필)의 중함을 보전하지 못하셨으니, 어찌 마음이 아프지 않겠습니까?

　『예기禮記』에 이르기를 '아들이 그 아내와 사이가 매우 좋더라도 부모가 기뻐하지 않으면 쫓고, 아들이 그 아내를 못마땅하게 여기더라도 부모가 이르기를 「나를 잘 섬긴다」하면, 아들은 부부의 예를 행하여 죽을 때까지 변치 않는다' 하였으니, 이로써 보건대, 폐출廢出하는 의義는 한결같이 부모의 허락을 받는 것이 분명하거늘, 지금은 자전慈殿께서 명하지 않았는데도 왕실王室의 지어미를 경솔히 바꾸었으니, 이는 왕계의 일가 다릅니다.

　『역경』에 이르기를 '부부의 도리는 오래지 않아서는 안된다' 하였고, 전傳에 이르기를 '부부는 종신토록 변하지 못하는 것이다' 하였으니, 그 오래도록 변하지 못하는 소이는, 근윤(卺酳: 혼례식에서 마시는 술)의 예를 지키고 만세의 시초를 중히 여겨 감히 바꾸지 못하는 것입니다.

지금은 처음 예문으로 정한 배필을 생각하지 않고, 보불(黼黻: 옛날 임금의 대례복 치마에 놓는 수)과 빈번(蘋蘩: 제물祭物)의 주인을 돌보지 않은 채 흙덩이처럼 버려 내형(內刑: 규문의 법도)을 떨어뜨리니, 이는 문왕의 일과 다릅니다.

새로 왕위에 오르시는 날에 마땅히 한집안의 근본을 단정히 하고, 천지 생민을 위하여 극(極: 한가운데, 즉 왕의 지위)을 세우고 만세의 넓은 기틀을 크게 세워서, 빛나고 밝기가 해아 달이 중천에 걸린 것과 같게 하는 것이 바로 이 기회였는데, 머뭇머뭇하여 능히 스스로 떨치지 못하고 있습니다.

인륜은 왕화의 근원인데 위에서 스스로 먼저 어지럽혔으니 이러고도 치화治化가 성취되기를 바라는 것은, 나무에 올라가 물고기를 구하는 것과 같으니 그 의혹됨을 많이 보겠습니다.

아, 이것이 어찌 홀로 전하만의 허물이시겠습니까?

저 당초에 권세를 끼고 용사用事하던 신하의 죄는 죽여도 그 죄가 남습니다.

저 박원종 등도 명분의 크기가 하늘과 땅처럼 분명하여 범할 수 없다는 것을 어찌 몰랐겠습니까?

오직 그 자신만을 보전하려는 간교한 계교가 뛰어났기 때문에, 방사하고 거리낌이 없이 초매(草昧: 아직 질서가 정돈되지 않은 것)

하고 위의 危疑한 때를 타서, 전하께서 자기들의 소위를 감히 이기지 못할 것이라 하여, 군부 겁제(刦制: 위협하여 제재함)하기를 마치 다리사이와 손바닥 위에 놓고 희롱하듯 하고, 국모國母를 내쳐 쫓기를 병아리새끼 팽개치듯 하였으니, 이런 일을 차마 하였거늘 무슨 일인들 차마 못하겠습니까?

지나간 전철을 환하게 징험할 수 있거늘, 하물며 신수근은 당초 나라 일에 관계된 죄가 아니었으니 주가周家의 의친議親하는 법전에 준하여 비록 용서하여 보전케 하여도 가할 것입니다.

그런데 지금 이미 죄를 더하고 또 기필코 왕비를 연루시켜 폐출廢黜하였으니, 이는 자신만을 아끼고 임금은 무시한 것에 지나지 않습니다.

전하께서 강한 신하에게 제어를 받아 가교家敎가 어그러져서, 인륜의 근본과 왕화의 근원과 처음을 다루는 도리를 밝게 심고 크게 드날리지 못하셨으니, 무엇으로 중화(中和: 한쪽으로 치우치지 않게 조화하는 것)아 위육(位育: 천지가 자리하고 만물이 육성됨)의 공을 이루어 하는 마음을 안정시키겠습니까?

만화萬化가 따라서 날로 박잡駁雜하여지고 풍교風敎가 자연히 퇴박頹薄하여지며, 어그러진 기운이 불울(怫鬱: 성을 내는 것)하고 음양이 차서次序를 바꾸고, 일월이 박식薄蝕하고, 샘물이 끓어오르고, 꽃과 열매가 겨울에 열리고, 많은 서리가 여름에 내리고 또 비오고 볕들고 바람 불고 우박 내리며, 살별·무지개·곤충의 요괴에 이르기까지가 간간이 나타나기도 하고 계속되기도 하였습니다.

요사이 후정(後庭: 후비나 궁녀 또는 그들이 거처하는 곳)의 반열이 슬픔을 그친 지 얼마 안 되어 장경왕후(章敬王后: 인종의 어머니 윤씨)께서 갑자기 돌아가셔서 곤위壼闈가 슬픔에 잠겨 고요하니, 생각건대 하늘이 전하를 경계함이 깊습니다.

장경왕후 희릉

삼가 바라건대, 전하께서는 이 몇 가지 일에 대하여 의리에 질정하셔서 지체하고 어려워하지 말고 처리하시면, 이왕의 잘못을 단번에 씻을 수 있으며, 인륜의 근본과 왕화의 근원과 처음을 바로하는 도리가 맑고 광대하여 천지가 캄캄하였다가 다시 개어 탁 트이는 것과 같을 것입니다.

전하께서 또 능히 정일精一하게 하시고 자신을 삼가서, 성의誠意와 정심正心하는 마음을 정치하는 이치에 미루어 확충시키면, 주가周家의 인지麟趾·추우騶虞의 왕화가 이로부터 성취될 것이고, 왕업도 8백 년을 지나 만세에 이르도록 무궁할 것입니다.

　신등이 소원疏遠한 신하로서 직위를 넘는 책망을 피하지 않고 감히 면총冕聰(임금이 듣는 것)을 더럽히는 것은, 진실로 이 몇 가지 일이 분수와 의리에 관계되는 바가 지극히 중대하기 때문에, 마음속에만 간직하여 두고 한번 임금에게 들려 드리지 않을 수 없어서였습니다.

　신등이 가슴에 분울憤鬱을 품은 지 오래면서도 전에 능히 말을 내지 못하였던 것은, 정히 장경왕후章敬王后께서 중전에 계시므로 신씨를 복위시키면 장경왕후의 입장이 곤란하기 때문이었습니다.

　이제 장경왕후께서 돌아가시고 곤위壼位가 다시 비었으니, 정히 도로 바로잡을 기회이고 또 구언求言하시는 때를 당하였으니, 이러므로 신등이 급급히 아뢰는 바입니다.

　방금 천변이 사라지지 않고 정교政敎가 순수하지 못하여 여러 가지 일이 방도에 어긋나니, 삼가 바라건대, 전하께서는 힘써 공경스럽게 하시어 능히 천심天心을 누리소서. 신등의 구구한 회포와 답답한 생각이 아직도 많으나, 모두 다 말씀드리지 못하니 삼가 전하께서 굽어 살피소서."

　이 상소에 대해 사신史臣은 다음과 같이 논하였다.

> 사신은 논한다. 이 의논이 매우 올바른 것인데,
> 좌우의 의논이 분분하여 서로 시비是非를 하고,
> 나중에는 양시 양비兩是兩非의 말이 나와,

조정이 안정되지 못하고 사림士林이 반목反目하여,
그 화禍의 계제階梯가 참혹하였다.

중종이 이 상소를 정원에 내리고 전교하였다.

"담양부사 박상朴祥·순창군수 김정金淨이 상소하여 감히 사특한 의논을 박하였으니, 지극히 놀랍습니다.
청컨대, 잡아다 조옥詔獄에 내려 그 소이를 추고하소서. 이 두 사람은 무식한 사람이 아니어서 조금 문자를 아는데 이와 같으니 반드시 그 뜻이 있을 것입니다.
신등이 근일 시관試官으로 들어갔다가, 금일에야 비로소 들었기 때문에 아룁니다.
그 소장疏章은 궁중에 머물러 두어서는 안 되니, 속히 대신에게 보여 아랫사람으로 하여금 상의 뜻을 분명히 알도록 하는 것이 가합니다."

이어 중종은 박상 등을 추문하도록 하고 곧 정부 당상政府堂上을 불러 상소를 보였다.

"나도 처음 상소를 보고 국가의 큰 일을 경솔히 의논한다고 생각하였다. 내 의사도 그 이유를 추문推問하고자 하였으나, 다만 구언求言으로 인하여 상진上陣하였기 때문에 버려두고 쓰지 않으면 될 것이니, 반드시 추문하여 치죄할 것은 없다고 생각되어, 이로써 명하여 정원政院에 머물러두게 하였을 뿐이다.

그들이 지적하여 허물한 뜻을 보건대, 오로지 삼대신三大臣에
게 죄를 돌렸다. 박상 등은 신진新進이 아니요 대간·시종의
반열에 오래 처하였었는데, 삼훈三勳이 이미 죽은 뒤를 틈타서
발론하였으니, 그 심술도 또한 알 만한다.
지금 대간이 아뢴 바를 들으니, 과연 옳다. 아뢴 대로 추문하
라"

대사헌 권민수 등이 박상 등을 추고하라고 청한 내용에 대해 사
신은 다음과 같이 논하였다.

이행의 묘소

사신은 논한다. 이행이 먼저 발언하
기를 '박상 등이 이 사특한 의논을 내
었으니, 추고하지 않을 수 없다' 하니,
나머지 사람들은 모두 바람에 쏠리듯
좇았다.

이행의 뜻은, 대개 장경왕후가 이미
원자元子를 낳고 승하하였으므로, 곤위坤位는 비록 비었으나 나라의
근본은 이미 정하여졌으니, 만약 신씨愼氏를 복위하여 선후의 의리
를 논하면, 신씨는 먼저이고 장경왕후는 뒤이기 때문에 나라의 근본
이 혹 동요될까 염려하여서였다.

헌납 유돈柳敦이 홀로 그렇지 않다고 논하였는데, 그 뜻은 대개
상소하였다고 잡아다 추고하면 언로言路에 방해가 될까 두렵다 하는

것이었다.

그러나 유돈도 능히 강제하지는 못하였다.

또 논한다. 삼훈三勳은 추대한 공이 비록 크나, 왕비를 위협하여 폐한 죄는 만세에 벗어나기 어렵다.

박상·김정 등이 이 일로 봉사封事를 올렸다가 귀양갔으니, 비록 한때는 굽히었지만 반드시 만세 뒤에는 펴질 것이다. 최충수의 한 짓이, 박원종이 임금을 협박하여 신씨를 폐출한 것과 대개 서로 비슷한데, 당초 상이 위태하고 의심스러운 시기에 처했을 때 한 나라의 호령이 박원종 등의 손아귀에 있으므로, 새 임금을 협박하여 왕비를 폐출했고 상께서도 사세에 몰려 강한 신하의 요청을 거절하지 못했던 것이나, 군신의 자리가 안정되고 세월이 이미 오래되자 그때 일을 뒤따라 생각하매, 한탄스러운 뜻이 없지 못했던 것이다. 고사古史를 읽다가 사태가 서로 비슷하고 자취가 서로 흡사한 곳에 이르러, 마음속에 충격되는 바가 밖에 환히 나타남은 또한 가릴 수 없는 일이다.

앞서 신씨의 복위상소를 올렸던 박사오가 김정은 1516년(중종 11) 5월 8일 천재지변으로 인해 용서되고, 6월 19일 사유師儒에 합당한 인원으로 간택되었으며, 11월 13일 "김정·박상을 서용敍用하라"는 명이 내렸다.

1544년(중종 39) 11월 15일 유시酉時에 중종이 57세로 승하하시고, 11월 20일 세자가 창경궁에서 조선 제12대 왕 인종으로 즉위하였다.

59세인 1545년(인종 1) 4월 6일 정원政院에 신씨의 집을 폐비궁이라 부르고, 또한 폐비궁을 돌볼 것을 전교하였다.

"중종의 폐비 신씨가 사는 사제私第에 전에는 내관內官을 차출하지 않고 아랫사람이 지공支供하는 도움도 없었으므로 내가 매우 미안하니, 이제부터는 폐비궁廢妃宮이라 부르고 모든 일을 자수궁(慈壽宮: 성종때 연산군의 생모인 폐비 윤씨를 빈으로 낮추어 거처하게 한 곳)의 예와 같이 하라. 여러 후궁後宮에게 지공하는 일도 전대로 하고 줄이지 말라고 유사有司에 말하라"

인조의 폐비에 대한 처사에 대해 사신史臣은 다음과 같이 논하였다.

사신은 논한다. 부부는 인륜이 비롯되는 것이므로, 『시경』은 관저關雎를 첫머리에 두고 『역경』은 건乾·곤坤을 첫머리에 두었다.

대개 건乾에 짝하는 자리는 옛사람이 중히 여긴 것이니, 종사에 죄를 지은 것이 아니면 폐위할 수가 없는 것인데, 당시에 용사用事하던 사람이 임금의 덕에 누가 되는 것을 생각하지 않고 감히 스스로 보전할 계책을 하여, 곤위壼位 폐립廢立이 그 손에서 나왔으니, 이것을 차마 할 수 있는데 무엇인들 차마 할 수 없었겠는가. 다행히

임사홍 묘

유순정 영정

이제 사왕嗣王의 지극한 효성이 여기에 미쳤으니, 선조先朝의 뜻을 능히 본받았다고 할만하다.

　　1557년(명종 12) 12월 7일 폐비 신씨가 71세로 졸하니 장생전長生殿의 관곽棺槨을 내리게 하고 또 특별히 부의를 보내게 했다.

　　신씨는 중종의 잠저潛邸때의 배위로서 바로 신수근愼守勤의 딸이다. 신수근은 폐조廢朝에 정승이 되어 연산군을 종용하여 살육을 많이 하였다. 그러므로 반정反正할 때 임사홍任士洪과 같은 날에 죽임을 당했다. 중종이 즉위하자 비妃도 정위正位에서 하례를 받았다. 그리고나서 박원종朴元宗·유순정柳順汀·성희안成希顔 등이 죄인의 딸은 정위는 부당하다고 폐하기를 주청했고, 중종은 조강지처는 버릴 수가 없다 하여 굳게 맞서 윤허하지 않았다.

　　박원종 등이 계속해서 굳게 고집하자 중종도 하는 수 없이 따랐다. 그러나 폐비가 무죄한 것을 생각하고 항시 불쌍하게 여기며 잊지 못하였다.

　　이때에 졸하자 상이 장생전 재궁梓宮을 특사하여 왕후 고비考妣의 예에 의하여 염습을 하게하고 1등의 예로 호상하게 하였다. 그러나 비妃가 폐출당한 것은 본래 그의 죄가 아니었는데 모든 치상治

喪 절차를 자못 후하게 갖추지 아니하니, 당시의 사람들이 모두 슬퍼하는 마음이 있었다.

상은 폐비의 친정 조카인 별좌 신사원慎思遠에게 특별히 상주가 되어 그 제사를 받들도록 명하였다.

단경왕후의 제사를 받드는 신사원은 신홍조의 아들로 어머니는 임사홍의 아들 임희재任熙載의 딸이고, 부인은 홍경주의 사위 김명윤金明胤의 딸이다.

이때 사신史臣은 다음과 같이 논하였다.

사신은 논한다. 박원종 등은 그 아비를 죽이고 그 딸을 그대로 왕후로 둔다면 화가 미칠까 두려웠기 때문에 강제로 군부君父를 위협하여 신씨를 폐출했다.

어찌 죄가 있어서 그랬겠는가. 역사에 의거하여 살펴본다면 박원종 등의 죄악은 자연히 드러날 것이다.

사신은 논한다. 병인년 반정 때에 박원종 등은 먼저 신수근을 죽이고 후환이 있을까 두려워 곧 그 딸을 내쳤으나, 실은 폐출해야 할 아무런 죄가 없었다.

이때에 졸하니 예관禮官과 대신들이 1품례로 치상하기를 청했고 옥당玉堂의 의논도 그러했는데, 간원에서는 주자朱子의 의견에 따라 출모出母의 예로 거애擧哀 치상해야 한다고 말했으니 이 역시 경經

을 근거함이 없는 의론이다.

『가례家禮』에 '출모'라고 한 것은 낳은 어머니를 지칭한 것이다. 의리는 이미 끊어졌지만 은혜는 폐할 수 없기 때문에 그런 제도를 둔 것이다.

그러므로 이번 일은 아마도 그 예를 모방하기 어려울 듯하니, 의義를 일으켜 예를 행하는 것만한 것이 없다.

대신과 예관이 정한 것이 잘못이 아니다.

1557년(명종 12) 12월 9일 폐비를 장사지내는 일을 '왕후의 돌아가신 부모의 예'에 의거하여 시행하라 하였다.

검상이 삼공의 뜻으로 아뢰기를, "폐비가 졸하였으니, 1등례로 장사를 치르게 하고 초상 때에 예조 낭관을 보내 치상하게 하는 것이 어떻겠습니까?

그리고 우리 조정에는 이런 예가 없으니, 예관에게 널리 고사를 상고해서 알맞게 조처하게 하는 것이 어떻겠습니까?" 하니, 답하기를, "아뢴 뜻이 마땅하다.

어제 내가 즉시 말하려고 했으나 해조에서 반드시 공론이 있을 것이므로 아직까지 기다렸다.

아뢴 대로 하라" 하고, 전교하기를,

"신씨의 상장喪葬을 왕후 고비의 예에 의거하여 시행하고, 3시로 공상供上하는 것과 시비侍婢를 공궤하는 것을 3년동안 각사로 하여

금 진상하게 하라" 하였다.

그런데 더러는 '장경왕후께서 이미 중전의 자리에 올라 원자元子를 낳으셨는데 만약 신씨가 복위復位되어 아들을 낳고 가례嘉禮의 선후를 따질 경우 동궁東宮을 어느 위치에 두어야 할 것인가?' 라고 하였기 때문에 그 의논이 끝내 시행되지 않았습니다." 하였다.

상이 그 상소를 예조에 내렸다.

예조가 복계覆啓하기를, "신비의 신주를 묻는 것과 묘소를 수호할 인원을 결정하여 주는 것과 제수를 관에서 주는 것은 중대한 일이므로 대신과 의논해야 합니다" 하였다. … 예조가 대신에게 의논하니, 정태화 · 김수항이 의논드리기를, "신씨 집의 직계 자손으로 생존한 자가 있으니, 신주를 모셔서는 안될 집에 그대로 모시게 해서는 안 됩니다.

김수항

그러니, 신주를 본가에 돌려주고 제수는 관에서 헤아려 지급하여 향화가 끊이지 않게 하고 묘소에는 몇 명의 인원을 정해 주어 나무꾼이나 목동이 들어가지 않도록 금하게 하소서" 하니, 상이 윤허하였다.

1672년(현종 13) 7월 4일 임금이 이단하李端夏의 말을 따라 "중종中宗의 폐비 신씨廢妃愼氏 묘소를 수축하고, 묘소를 수호할 민호를 주고, 그 신주를 본가에 돌려주고, 제수를 관청에서 지급하라"고 명하였다.

훈신勳臣들이 그러한 역모로 억측하여 협박한 것은 국모의 아버지를 죽인 데에 지나지 아니하였으며, 그들이 조정에서 있으면서 깊이 두려운 마음을 품고서 훗날의 근심을 염려해서였습니다.

그래서 죄명도 없고 경우에도 없는 말을 연출하여 몸을 보전하고 은총을 굳히는 계획을 삼았으나, 그것이 결국 스스로 임금을 무시하는 행위에 빠지고 만세萬世에 죄를 얻게 됨을 알지 못했었습니다.

김정金淨과 박상朴祥은 군자君子였습니다.

장경왕후가 돌아갔을 때에 상소하여, 박원종 등의 임금을 협박한 죄를 거론하며 신씨가 죄 없이 폐출당한 사유를 극진하게 말하여 위호位號를 회복할 것을 계청啓請했었는데, 그 말이 엄격하고 강직하여 오늘날 읽어보아도 오히려 늠름한 생기生氣가 있습니다.

아깝게도 그렇게 광명정대光明正大한 논의도 당시의 모순된 의논에 의해 막혀서 시행되지 아니하였으니, 신은 매우 애통하게 여깁니다.

그 후에 여러 성왕聖王이 서로 대를 이어오면서 빠진 전례典禮를 강구講究하였으나, 이 일만은 추복追復하자는 논의가 없으니, 신도 몹시 의혹스럽습니다.

당시에 신씨를 폐출시킨 것은 이미 중종의 뜻이 아니니 위호를 추복하는 것이 어찌 중종의 뜻을 계승하는 것이 아니겠습니까?

마땅히 해야 할 일도 때로는 혹 기다려야 하는 것도 있으니, 오래 되었다고 하여 어렵게 여길 필요가 없는 것은 틀림없는 것입니다.

1739년(영조 15) 기미 3월 11일 유학 김태남이 상소를 올려 신씨를 회복시킬 것을 청하였다.

유학幼學 김태남金台南이 상소하여 중종中宗의 원비元妃 신씨의 위호位號를 회복하기를 청하였는데, 대략 이르기를,

"근년 이래로 천재天災·시변時變이 달마다 일어났는데, 혜성彗星·뇌전雷電의 이변에 이르러 극에 달하였습니다. 이런 비상한 변을 당하면 비상한 거조가 있고서야 하늘의 꾸짖음에 보답할 수 있을 것입니다.

신이 듣건대, 유원幽寃의 기氣는 위로 하늘의 화기和氣를 범하므로 미천한 필부라도 혹 원한을 품으면 오히려 5월에 서리가 내린다 하는데, 더구나 존귀한 후비后妃로서 구천九泉 아래에서 원한을 품고 백년 뒤에도 펴지 못한다면 그 때문에 화기를 범하여 이변을 가져오는 것이 다시 어떠하겠습니까?

아! 중묘조中廟朝의 폐비廢妃 신씨의 억울함은 지금까지 수백 년이 되었어도 인정이 아닌게 아니라 어제 일처럼 억울하게 여기고 탄식하니, 인정이 이러하면 신리神理·천심天心도 따라서 알 수 있을

것입니다.

대개 당초에 폐위한 것은 한때의 뭇 의논이 핍박한 것에 지나지 않고 중묘의 본의가 아니었는데, 이것은 본디 국사國史에 분명히 실려 있는 것이고 야사野史에도 상세히 적혀 있는 것입니다.

김정·박상은 그때의 명현인데, 장경왕후께서 승하하시자 상소하여 박원종 등이 임금을 협박한 죄를 논하고 신씨가 까닭 없이 폐위된 억울함을 아뢰어 위호를 회복하기를 청한 글의 뜻이 삼엄하였습니다.

이제 전하께서 이 소장을 가져다 읽어 보시면 그 광명정대한 논의를 살피실 수 있을 것입니다.

무인(戊寅: 1698년(숙종 24)년 가을에 신규申奎가 또 숙묘조肅廟朝에 상소하기를, '중종대왕께서 들어가 대통을 이으실 때에 부인 신씨가 중궁으로서의 의범儀範에 결함이 없어 곤궁坤宮에 정위正位하여 이미 적요翟褕의 존귀를 받고 신민의 하례를 받았는데, 원훈元勳 박원종 등이 다만 자신을 위한 도모를 하느라 종사를 위한 계책이라 핑계하고 임금을 협박하여 마침내 폐척하여 드디어 대성인大聖人이 경장更張하는 처음에 근본을 다루는 교화를 미진하게 하였으니, 통탄함을 견딜 수 있겠습니까?

그때 정청庭請하여 아뢰기를, 의병을 일으킬 때에 먼저 신수근을 제거한 것은 대사를 성취하려 했기 때문인데, 이제 신수근의 딸이 대내大內에 입시하여 곤위壼位로 정해진다면 인심이 의구할 것이고 인심이 의구하면 종사에 관계가 있을 것입니다." 하였으니, 아! 이것은 협박하는 말입니다.

당초에 신수근을 죽인 것도 반드시 부득이한 데에서 나온 것이 아닌데, 또 이것을 가지고 신씨를 억지로 폐위하는 구실로 삼았으니, 신씨가 좌죄坐罪된 것은 무슨 명목이고 폐위되어야 하는 것은 무슨 의리인지 모르겠으며, 또한 의심이 의구한다는 것은 무슨 꼬투리를 가리키고 종사에 관계가 있다는 것은 무슨 일을 염려한 것인지 모르겠습니다.

그때 조정의 의논은 흔히 단종을 복위하는 일을 더욱 난처하게 여겼으나 숙묘께서 단연코 행하신 까닭이 이

신수근 묘소

미 더욱 난처한 데에 있었으니, 이것이 어찌 어려운 것을 먼저 하고 쉬운 것을 뒤에 하여야 절로 차례로 행할 수 있다는 뜻이 아니겠습니까?

아! 크게 생각건대, 우리 숙종대왕께서 임어臨御하신 50년 동안에 무릇 의리를 타나내고 윤리를 빛내는 일에 대하여 거행하지 않으신 것이 없고 여러 조정의 궐전闕典을 거의 남기신 것이 없으므로 온 동토東土의 생명 있는 무리가 모두 흠앙하여 찬탄하고 기립니다마는, 이 신비에 관한 한 가지 일만은 이미 사당을 따로 세우고 제사하게 하였으나 복위하는 법은 거행하지 못하셨으니, 이것은 그 억

울함이 오히려 펴진 듯도 하고 펴지지 못한 듯도 한 사이에 있어 국가의 전장典章의 흠결이 있는 탄식을 면하지 못하게 하는 것입니다.

신은 진실로 성고聖考께서 이미 존봉尊奉할 방도를 보이고도 복위만을 곧 행하지 않으신 까닭을 알 것 같습니다. 대개 그 미묘한 뜻은 어찌 단종의 복위를 이미 거행하였으니 막대한 예를 한꺼번에 아울러 거행할 수 없다 하여 뒤에 사왕嗣王이 뜻을 잇는 아름다움을 기대하신 것이 아니겠습니까?

대저 그렇다면 우리 전하의 계술繼述하시는 마음으로 어찌 그 아름다움을 잇지 못하시겠으며, 더구나 즉위하신 이래로 무릇 한 사람이 원한을 품거나 한 가지 일에 억울한 것이 있는 것도 모두 씻어주어 신리伸理하려 하셨으니, 이 방례邦禮를 거행하지 않을 수 없고 명의名義를 회복하지 않을 수 없는 것을 어찌 혁연히 스스로 결단하여 쾌히 아름다운 법을 거행하여 전성前聖께서 끝내지 못하신 일을 끝내려고 생각하시지 않겠습니까?

신이 비록 소원하고 미천할지라도 한 세록世綠의 후예입니다. 묘우廟宇 옆에서 자라며 아름다움을 끼치신 것을 우러러보았으므로 번번이 격앙되는 정성이 절실하여 한 번 아뢰려고 간을 도려내어 상소를 지어 후원喉院에 바친 지 이제 3년이 되었습니다.

정사년 겨울에는 승지 조상명趙尚命이 일이 중대한데에 관계된다 하여 여러 달 동안 버티고 무오년 겨울에는 승지 심성진沈星鎭이 지극히 중대한 일이므로 한 사람이 경솔히 받아들일 수 있는 것이 아니라 하여 끝내 올리지 않았으나, 신은 소장을 안고서 대궐을 지키며 반드시 아뢰고서야 그치려 하였습니다.

지금 본묘本廟의 속례屬隸의 말을 들으니 연중筵中의 특교特敎로 말미암아 중관中官이 수직守直하라는 명이 있었다 하니, 이는 참으로 하늘이 성충聖衷을 열어 억울함을 펼 때입니다.

신이 이 말을 듣고부터 기뻐하고 기리는 정성이 훨씬 더 격렬하여 감히 연전에 올리지 못한 소장을 바칩니다.

바라건대, 성명聖明은 특별히 받아들이시어 빨리 유사有司에 명하시고 속히 복위의 예를 거행하게 하여 일국 신민의 희망에 부응하소서" 하였는데, 비답하기를, "아뢴 일이 어찌 나라 사람이 억울하게 여기는 것일 뿐이겠는가?

내 마음에서 더욱이 매우 아픈 곳이다.

한미한 경유京儒로서 강개하여 상소하니 그 마음이 가상하다마는, 장묘莊廟를 추복할 때에도 이 일에 대하여 오히려 난처하다는 분부를 보이셨으므로 성의聖意가 어디에 있었는지 우러러 헤아릴 수 있으니, 감히 경솔하게 의논할 수 없는 것은 그때에 비할 것이 아니고, 의절儀節에 대해서도 물어 보아야 할 것이 없지 않으니 하문하여 처리하겠다" 하였다.

이때 임금이 신비를 복위시킬 뜻이 있어서 연중의 대신에게 물었는데, 송인명宋寅明과 호조판서 유척기兪拓基 등이 처음부터 책봉하지 않았고 사제私第에 나가 있었으니 복위를 논할 수 없다고 하므로, 임금이 그대로 두고 다시 묻지 않았으나 성의는 이미 결정되었다.

송인명

유척기

그래서 외간에서는 얼마 안 가서 복위될 것이라고 시끄러이 전하였는데, 김태남이 곧 상소하니, 임금이 보고서 과연 기뻐하고 이어서 의견을 모으라는 명이 있었다.

1739년(영조 15) 3월 28일 원임·시임 대신 등에게 빈청에서 의논하여 신비의 시호 등을 정하게 하였다.

시임·원임 대신과 관각館閣의 당상과 육조六曹의 참판이상을 명초命招하여 빈청賓廳에 모여 의논하게 하여 신비의 시호를 단경端敬

― 예禮를 지키고 의義를 지키는 것을 단端이라 하고, 이른 아침부터 늦은 밤까지 공경하고 조심하는 것을 경敬이라 한다.

- 이라 올리고, 휘호徽號를 공소순열恭昭順烈
- 게을리하지 않아서 덕이 있는 것을 공恭이라 하고, 덕을 밝혀서 배움이 있는 것을 소昭라 하고, 도리에 화합하는 것을 순順이라 하고, 덕을 지키고 사업을 높이는 것을 열烈이라 한다
- 이라 올리고, 능호陵號를 온릉溫陵이라 하고 봉릉도감封陵都監을 설치하고 무인년 장릉莊陵을 추복할 때의 예에 따라 이 달 30일에 태묘에 고하라고 명하였다.

온릉

같은 해 5월 6일 중종의 원비元妃 신씨慎氏에게 단경端敬이라 시호를 추상追上하고 태묘太廟에 부제祔祭하였다.

이에 앞서 숙종肅宗 때에 신규申奎가 상소하여 장릉의 위호를 회복하기를 청하고 또 신비慎妃의 위호를 회복하기를 청하였는데, 숙종께서 장릉의 위호만을 회복하고 신비의 일은 오히려 망설이시어 사당을 세우고 수호守戶를 두게 하셨다. 이해 봄에 왕께서 일에 따

라 느낌을 일으켜 중관中官에게 명하여 사당을 지키게 하셨는데, 얼마 안가서 사인士人 김태남金台南이 상소하여 신비의 위호를 회복하기를 청하였다. 왕께서 말씀하기를, '군심君心의 추향趨向은 삼가지 않을 수 없다.

1739년(영조 15) 5월 7일 예조당상과 도감당상과 경기감사에게 명하여 온릉溫陵에 가서 화소火巢의 경계를 정하게 하였고, 5월 30일 온릉 봉릉도감溫陵封陵都監의 신하들에게 상을 주었다.

윤양래 초상

도제조都提調 송인명宋寅明에게 말을 내리고, 제조提調 조최수趙最壽·윤양래尹陽來·박사정朴師正과 도청都廳 송징계宋徵啓·민정閔珽에게 모두 가자加資하고, 감조감역관監造監役官 7인과 본릉本陵의 참봉參奉 1인은 모두 6품에 올리고 이례吏隸에게는 차등을 두어 상을 주었다.

같은 해 8월 8일 영조가 경기감사京畿監司 서종옥徐宗玉을 인견하여 19일에 온릉에 갈 것인데 민력民力을 번거롭게 하지 말고 넓게 길을 닦지 말라고 명하고, 또 순리循吏를 장려하고 교화를 숭상하라는 뜻으로 곡진히 하유下諭하였고, 8월 19일 영조가 온릉溫陵에 나아갔다.

1741년(영조 17) 1월 21일 명신 박상朴祥의 후손을 조용調用하도록 명하였다.

중묘조中廟朝의 명신 박상의 후손을 조용하도록 명하였다. 이보다 앞서 온릉을 복위할 때에 김정金淨과 박상의 후손을 녹용하라는 명이 있었는데, 박상의 후손은 아직까지 거두어 임용하지 못하였기 때문에 이런 명이 있게 된 것이었다.

임금이 함인정에 나아가 조강朝講하여 『중용』을 강하였다. 교정당상校正堂上 김치인金致仁을 소견하고 온릉을 복위할 때의 사적을 읽으라 명하였는데, 고 담양부사潭陽府使 박상朴祥이 중묘中廟에게 올린 상소에 이르러, '전하가 강경한 신하에게 제재를 받았다'는 말이 있자, 임금이 말하기를, "늠연凜然하다.

지금 세상에는 이와 같이 곧은 말을 하는 이가 없다. 온릉의 복위는 열조列朝에서 미처하지 못한 것인데, 1698년(숙종 24)에 이르러 전 현감縣監 신규申奎의 소청疏請으로 인하여 비로소 그 의논이 있었고, 나에게 미쳐 또 유학幼學 김태남金台南의 소청으로 인하여 기미년에 황단皇壇의 일을 논하다가 이에 온릉 복위가 언급되어 드디어 궐전闕典을 거행하였다" 하였다.

— 사신은 말한다. "성상이 한번 박상의 상소를 보자 안색을 고치고 감탄을 일으켰으니, 이는 바로 박원종朴元宗 · 유순정柳順汀 ·

성희안成希顔 세 신하를 출향黜享할 기회였다. 조정에 가득한 공경이 한 사람도 건백建白한 자가 없었으니 애석함을 견딜 수 있는가?

아! 우리 전하의 밝으신 성지聖旨로 이미 온릉을 복위하고 태묘太廟의 향사享祀를 성대히 올렸으면, 저 세 신하는 실로 온릉의 원수인데 한 묘廟에 배향配享하였으니, 천하에 어찌 이런 이치가 있겠는가?

1775년(영조 51) 11월 28일 학성군鶴城君 이융李烿이 『온릉지溫陵誌』 두 권卷을 올리니, 임금이 사각史閣의 서고西庫에 간수하도록 명하였다.

1788년(정조 12) 9월 21일 온릉령 최창국이 단경왕후의 현책 회복과 박원종 등의 관직 추탈을 청하였다.

온릉령溫陵令 최창국崔昌國이 상소하기를, "중종대왕께서는 천명天命을 받으시어 만민이 모두 추앙해 칭송하였는데, 저 박원종 등이 작은 공을 빙자해 간악한 계획을 꾸며 우리 단경왕후로 하여금 정신을 차릴 겨를도 없이 궁중에서 쫓겨나게 하여 가슴에 맺힌 억울한 한을 풀지 못하게 하였습니다.

영종대왕 기미년에 유생 김태남金台南의 소로 인해서 현책顯冊을 다시 회복시켜 주고 삼가 태실太室에 봉안奉安하니, 귀신과 사람이 모두 기뻐하여 경명景命이 거듭 아름다워졌습니다.

지난날 김정·박상이 이 세 적적賊을 동탁童卓과 조조曹操에 비유하였는데 이는 바로 천고千古의 직필直筆이었고, 신규申奎의 소에서는 말과 뜻이 엄정하였습니다.

1791년(정조 15) 10월 12일 온릉 경내의 성씨 집안 분묘에 대한 경계를 정해 주도록 명하였다.

온릉 경내의 성씨成氏 집안 분묘에 대한 한계를 정해주도록 명하였다. 이보다 앞서 유생 성열成烈이 상언하기를, "8대조의 분묘가 온릉의 화소火巢 안에 있는데, 본릉의 능호를 복구하던 날 영조께서 산도山圖를 가져다 보시고 이르기를 '온릉을 복구한 것은 국가의 큰 경사이지만 성씨에게는 참혹한 재앙이니, 한결같이 사릉의 전례에 따라 성씨의 산에는 단지 석물만 제거하라' 하셨고, 또 한계를 정해 주라는 명이 계셨습니다.

그런데 이제 상민常民들에게 점거당해 빼앗겼으니, 그 수목들을 제거하고 몰래 쓴 무덤을 파버리기를 청합니다" 하니, 전교하기를, "거룩하구나. 성인의 분부가 죽은 백골에까지 은혜를 미친 점에 대해 우러르게 된다.

더구나 사릉의 능호를 복구한 뒤의 전례를 인용하고 한계를 정해주라는 명이 온릉을 추후로 수축한 뒤에 있었으니, 상민들이 그곳을 빼앗아 장사지낸 것은 놀라울 뿐만이 아니다. 비록 능관陵官의 입장으로 말 하더라도 그 무덤의 나무들이 묘역에 빽빽하게 들어차고 풀뿌리가 뼈를 휘감게 했으니, 이 어찌 임금의 분부를 받들고 조정의

정미수 묘비

명을 준수하는 뜻이겠는가. 경기 감사에게 명하여 부정한 사실을 적발해 아뢰게 하라" 하였는데, 이 때에 와서 또 전교하기를, "성씨는 바로 신씨의 외손이고 신씨는 본릉에 대해서는 곧 친족이다.

지난번 온릉을 추후로 수축할 때 선대왕의 분부가 이미 이처럼 간곡하였고, 또 게다가 사릉 경내에 있는 해평부원군(海平府院君: 해주정씨 정미수 문종의 외손자 단종의 생질) 집안의 여러 정씨들의 무덤에 대해 조처했던 일이 또 어찌 성씨 산소를 보호해 줄 근거가 아니겠는가.

능에서 수십 보 이내에 있는 해주 정씨 산소도 규례대로 보호하는데 백 보가 넘는 성씨 산소를 나무뿌리가 뒤엉키도록 내버려 둔다면, 체면상 천만 부당한 것은 우선 논하지 않더라도 귀신의 이치와 사람의 심정은 본디 차이가 없는 것이다. 아마도 온릉의 오르내리는 혼령이 반드시 이것은 측은하게 여기실 것이다.

이미 그 말을 들은 이상 어찌 전처럼 무성하게 자라게 놓아두어 오르내리는 혼령의 생각으로 내 생각을 삼는 도리를 염두에 두지 않을 수 있겠는가.

1799년(정조 23) 2월 20일 단경왕후 신씨의 복위에 공이 많은 문간공 김정의 후손을 수용하였다.

전교하였다. "금년이 어떤 해인가 하면 바로 온릉 성후溫陵聖后

께서 복위復位되신 해이다. 온릉을 배알할 때에 그 사실을 제기하여 하유하고자 하였으나 그렇게 하지 못하였다. 두 신하가 충절을 수립한 것이 과연 어떠한가.

그런데 문간공文簡公 박상朴祥의 후손인 박효덕朴孝德은 요즘에 비록 등용하였으나, 문간공 김정金淨의 후손은 아직도 수용하지 못했는데, 마침 재랑齋郎 자리가 있으니, 해조로 하여금 구전口傳으로 의망하며 들이도록 하라."

1806년(순조 6) 9월 24일 온릉령 모달겸이 상소로 능침陵寢에 비각을 세울 것과 세 흉신(박원종·성희안·유순정) 배향에서 빼어주기를 청하였다.

온릉령溫陵令 모달겸牟達兼이 상소하였는데, 대략 이르기를, "능침에 비각을 세우는 것은 본래 국조國朝의 상전常典이나, 본릉에 있어서만 유독 비각이 없기 때문에 선대왕조에 현륭원顯隆園을 이장移葬할 때 특교特敎가 계시어 비각의 재목을 옮겨 놓았는데, 그때 해조該曹에서는 명년 봄을 기다리어 거행한다는 뜻으로 연주筵奏하였으나 아직도 시일을 미루기만 하고 있으니, 삼가 원하건대, 빨리 유사有司의 신하를 시켜 본릉에 비각을 세우도록 하소서, 저 옛날 병인년 9월에 삼가 생각건대, 우리 단경왕후端敬王后께서 궁에서 쫓겨나는 변고가 있었던 것은 곧 박원종 등 3흉三凶의 죄입니다.

휘호徽號를 이미 회복시킨 뒤에도 오히려 원악대대元惡大憝로 하여금 관직을 그대로 두며 종묘宗廟에 편안하게 배향配享하니, 삼가 원하건대, 성명聖明께서는 원단乾斷을 크게 발휘하시어 저 박원종朴元宗 · 유순정柳順汀 · 성희안成希顔의 세 흉신凶臣을 배향에서 빼어내도록 하소서" 하니, 비답하기를, " - 온릉溫陵에 - 비각을 세우는 일은 예조로 하여금 대신에게 문의하여 품처稟處하도록 하겠다.

세 훈신勳臣에 대한 일은 이미 선조 때에 성교聖敎가 있었는데, 너는 혹시 알지 못하고 있었는가?" 하였다.

대신이 명년 봄을 기다려서 수비竪碑할 것을 헌의獻議하니, 그대로 따랐다.

정원용 묘비

희정당熙政堂에서 차대次對하였다.

영의정 정원용鄭元容이 아뢰기를, "온릉을 복릉시킨 구갑에 문간공文簡公 박상과 문간공(처음시호는 문정文貞임) 김정에게 막 제사지내 주었습니다.

당초 복위시키자고 소장을 올릴 때 두 문간공이 당시 담양潭陽과 순창淳昌을 맡고 있었고 이참吏參에 추증된 유옥은 당시 무안務安의 쉬재倅宰로서 함께 고사古寺의 석대石臺 위에 모여서 세 개의 인수印綬를 석대 가에 걸어 놓았었으니, 마음도 같았고 의논도 같았었습니다.

그런데 봉함封函하는 데 이르러서는 유옥은 어버이가 늙었다는 것으로 연명聯名을 허락하지 않았습니다.

1799년(정조 23)에 문간공에서 제사지내 주는 제문祭文을 직접 찬술하셨는데, 그 글에 '세 개의 인수印綬가 걸렸던 그 석대 만고에 닳지 않으리라' 했고, 일찍이 화산서원華山書院에 이 삼현三賢을 아울러 배향하여 조정에서 차등없이 한결같게 본 것은 병의秉義한 것이 같기 때문이었습니다.

두 문간공은 누차 은증恩贈을 받았는데, 유옥은 순묘조純廟朝 때 이참吏參에 추증되었으므로 사론士論이 오래도록 부족하다고 일컬어 왔습니다.

특별히 더 추증하는 은전을 베풀고 이어 시호諡號를 내려 줌으로써 구갑舊甲을 당하여 세대를 초월한 감회가 새롭다는 뜻을 보이소서" 하니, 그대로 따랐다.

단경왕후아버지 신수근愼守勤

신수근 동강난 비석

신수근愼守勤의 아버지는 영의정 거창부원군인 신승선愼承善이며, 어머니는 임영대군臨瀛大君 이구李璆의 맏딸인 중모현주中牟縣主 전주 이씨全州李氏이다.

이씨는 세종대왕의 손녀가 된다.

신수근의 외조부가 되는 임영대군은 세종의 아들로 세조찬탈을 도운 세력이다.

부인은 좌의정 권람權擥의 여섯째딸 중 영가부부인贈永嘉府夫人 안동 권씨安東權氏와 병사兵使 한충인韓忠仁의 딸 청원부부인淸原府夫人 청주 한씨淸州韓氏이다.

슬하에 권씨에게는 자녀가 없고, 한씨에게서 4남 3녀를 두었는데, 아들은 사평司評 신홍보愼弘輔, 봉사奉事 신홍필愼弘弼, 군수郡守 신홍조愼弘祚, 신홍우愼弘祐이며, 맏딸은 고령인 현감縣監 신공섭申公涉, 막내 딸은 평양인 조세충趙世忠에게 각각 출가하였다.

신수근 신도비

둘째딸이 중종비 단경왕후로 신수근은 연산군에게는 처남이 되지만, 중종에게는 장인이 된다.

셋째아들 신홍조는 임사홍의 아들 임희재의 사위이다. 신홍조의 아들 신사원의 딸은 심제겸에게 출가하여 명종비 인순왕후는 그녀의 시누이가 된다.

인순왕후(강릉)

【교하노씨 노사신과 순천박씨 박중선을 중심으로】

44세인 1493년(성종 24) 윤5월 22일 절충장군(折衝將軍: 정3품 당상) 첨지중추부사僉知中樞府事에, 6월 27일 통정대부 호조참의戶曹參議에 임명되었다. 8월 27일 성종이 신수근의 종기를 치료하게 하였다. 성종은 신수근의 외가로 6촌간이 된다.

【성종대왕과 신수근】

명하여 호조참의 신수근을 불러서 묻기를, "들으니, 그대의 귀 뒤에 종기가 있다고 하는데, 그런가?" 하니, 신수근이 아뢰기를, "신의 나이 열 살 전에 종기가 터져서 구멍이 났는데, 깊이가 겨우 2푼分이고 그 구멍이 바늘 크기와 같은데, 아프지도 가렵지도 아니합니다. 의원의 말을 듣고 뜸질 뒤에도 구멍은 예전과 같고, 지금도 때때로 혹시 흰 즙汁이 나오기도 하고 혹시 누른 즙이 나오기도 하며, 때로는 부어올라서 평안치 못함이 있으나, 곧 태일고太一膏를 붙이면 희즙이 나오고 또 혹은 두부찌꺼기 같은 즙이 나오기도 하지만 평화平和한 것은 평상시와 같습니다" 하였다. 전교하기를, "내약방內藥房으로 하여금 진주晉州의 약을 신수근에게 주어서 이를 시험하게 하라" 하였다.

이는 조지서趙之瑞가 아뢴 약藥인데, 진주목사晋州牧使 허황許篁이 찾아 물어

조지서 묘소

서 계달하기를, "황국사黃菊沙 · 임하부인林下婦人 · 와거경萬苣莖, 위의 세 가지 물건을 고운 가루를 만들어 꿀에 타서 창구瘡口에 붙이면 효력이 있으며, 황국사는 묵정밭에 잘 난다고 합니다" 하였다.

46세인 1495년(연산군 1) 5월 11일 좌부승지에 임명되었고, 9월 15일 좌부승지로 선위사宣慰使가 되어 평안도를 순무하면서 군사에 관한 편의 4가지 일[변선사사便宣四事]을 서계하였다.

신수근은, 내수사內需司가 정원政院을 거치지 않고 직계直啓함이 온편치 못하다 한 일과 유생을 구제하기를 논한 일로 6월 14일 강귀손姜龜孫, 송일宋軼, 한사문韓斯文, 김응기金應箕 등과 함께 국문받았으나, 6월 16일 중궁의 오라비라는 이유로 인해 처벌받지 않았다.

신수영 묘소

【풍천임씨 임사홍을 중심으로】

56세인 1505년(연산군 11) 5월 16일 연산군이 "오늘 내가 두모포豆毛浦의 신수근의 정장亭子에 가보겠는데, 사람들이 모르게 하라"고 전교하였다.

5월 17일 중미中米 60석, 황두黃豆 40석을 받았다.

6월 19일 연산군이 "이제부터 신수근 · 신수겸 · 신수영을 연경燕

심온 사당 안효사

京에 가게 하지 말라'고 전교하였다.

8월 17일 하등극사賀登極史 강귀손姜龜孫이 평안도에 이르러 등에 종기가 나서 연경에 갈 수 없었으므로, 명하여 신수근을 우의정으로 삼아 보내게 하였다.

연산군의 황패荒悖가 날로 심해지자 박원종朴元宗, 유순정柳順汀, 성희안成希顔 등이 몰래 연산군을 폐하고 중종을 세우려는 계획을 세웠다.

박원종과 유순정은 모두 세종 장인인 심온의 외손들이고, 박원종의 부인 성씨와 성희안은 6초간이다.

이때 우의정 강귀손姜龜孫 역시 자신을 끝내 보전하지 못 할 것을 알고 거사에 참여하였는데, 하루는 연산군의 처남이자 진성대군의 장인인 신수근愼守勤을 만나 "누이와 딸 중에 누가 더 가까운가?" 하고 물으니, 신수근은 "세자가 영명英明하니 다만 그를 믿을 뿐이요"하였다. 신수근이 자신과 뜻이 맞지 않으니 모사謀事가 누설될까 근심하다가, 강귀손은 1505년(연산군 11) 8월 25일 연경으로 가다가 도중에 등창이 나서 56세로 졸했다.

강귀손은 강희맹의 아들로 심온의 외손이다.

35세인 1451년(문종 1) 10월 12일 문과에 합격하고, 사헌 감찰에 임명되었다.

이때 문과에서 4등으로 정해졌다가 장원한 김의정과 바뀌어 권람이 장원으로 정해졌다.

문과文科 · 무과武科를 방방放榜하여, 문과文科에 권람權擥 등 33인에게, 무과에 유균柳均 등 28인에게 급제及第를 내려 주고, 권람을 사헌감찰司憲監察로 임명하고, 유균을 사복판관司僕判官으로 삼았다.

권람은 권제權踶의 아들인데 재주가 있다는 평판이 있었으나 오래도록 과거에 합격하지 못하다가 이때에 이르러 향시鄕試 · 회시會試에 모두 으뜸[괴魁]을 차지하

권제 묘소

고, 전시殿試에 이르러 대책對策에서 시관試官이 처음에 제 4등에 두고 생원生員 김의정金義精을 으뜸으로 삼으니, 사람들이 모두 불평하여 말하기를, "김의정은 계통이 한미寒微한 가문에서 나왔고, 또 명망名望이 없는데, 비록 대책對策을 잘 지었다고 하더라도 으뜸 자

리에 두는 것은 마땅하지 않다" 하였다.

37세인 1452년(문종 2) 5월 14일 임금이 재위 2년 만에 경복궁景福宮 천추전千秋殿에서 승하하고, 5월 18일 12세인 단종이 경복궁 근정문勤政門에서 즉위하였다.

김종서 집터

38세인 1453년(단종 1) 10월 10일 계유정난癸酉靖難 때 김종서·황보 인 등 대신들을 제거하고, 세조집권의 토대를 마련하였다.

그 공으로 10월 15일 정난공신靖難功臣 1등에 책록되었고, 11월 8일 수충위사협책輸忠衛社協策 정난공신 승정원承政院 동부승지同副承旨에 특진되었다.

1465년(세조 11) 2월 6일 길창부원군吉昌府院君 권람權擥이 50세로 졸했다.

부음訃音이 들린, 명하여 소선素膳을 올리게 하고 3일 동안 조회朝會와 저자를 정지하게 하였다. 예조禮曹에서 거애擧哀하기를 청하니, 명하여 그 집에 가서 곡哭하게 하였다.

시문집으로 『소한당집所閒堂集』이 있고, 할아버지가 지은 「응제시」에 주석을 붙인 「응제시주」는 그의 역사의식을 반영해주고 있을 뿐만 아니라, 세조 때 『동국통감』의 편찬방향을 이해하는 데 좋은 자료가 된다.

세조묘世祖廟에 배향되었다.

실록줄기에 권람을 다음과 같이 평가하고 있다.

… 도량이 너그럽고 크며 뇌락磊落하여 무리에서 뛰어났으며, 침정沈靜하여 말이 적었다.

젊어서는 뜻을 두텁게 하여 힘써 배우더니, 큰 뜻이 있어 규규規規를 거자擧子의 업業으로 하지 않고, 글을 하며 당시의 안목에 들어감에 힘쓰지 아니하였다.

스스로 고세高世한 선비로 여겨, 나이 30세가 넘도록 일명一命도 입지 못하니, 혹은 굽힐 것이라고 하였으나, 거들떠보지도 아니하니 세상의 의논이 더욱 자자하였으며, 모두 공보公輔로서 바라보았다.

일찍이 한명회韓明澮와 망형교忘形交를 하여, 소하蕭何와 조참曹參, 관중管仲과 포숙鮑叔이라 자처하고, 가인家人의 산업産業을

한명회 묘비

일삼지 아니하며 서로 더불어 말하기를, "남아男兒는 창[모矛]을 드날리고 말을 달려서 변경사이에서 공을 세우고 마땅히 만 권卷의 서적을 읽어서 불후不朽의 이름을 세워야 한다" 하였다.

처음에 권제가 첩妾에게 고혹하고 적처嫡妻를 소홀히 하므로 권람이 울면서 간諫하였더니, 권제가 때리려 하였으므로, 권람이 드디어 집을 작별하고 떠나 한명회와 명산名山을 두루 유람遊覽하며, 경

치가 좋은 곳을 모두 찾아 보았다. …

만년晩年에 미쳐 병병病 때문에 집에 나갔는데, 권람이 산업을 경영함에 자못 부지런하여, 일찍이 남산南山 아래에 집을 지었는데 제도制度가 지나치게 사치하고, 또 호사스러운 종[호노호노豪奴]이 방종하여 사족士族의 신분을 능가凌駕하니 참찬參贊 이승손李承孫에게 꾸짖음을 당하는 데에 이르렀어도 권람이 죄주지 않으므로, 사람들이 이런 것을 기롱하였다.

『세조실록』권 35 1465년(세조 11) 2월 6일.

단경왕후 혈통 외조부 한충인韓忠仁

한충인韓忠仁의 아버지는 공조참의 한전韓碩이며, 어머니는 신정리申丁理의 딸이다.

부인은 지돈녕知敦寧 김중엄金仲淹의 맏딸인 안동 김씨安東金氏이다.

김중엄은 태종 후궁 명빈 김씨의 조카이자 태종부마 조대림의 둘째 사위이며, 누이는 문종의 세자빈이었다가 폐빈이 된 김씨가 있다.

【안동김씨 김구덕을 중심으로】

슬하에 3남 3녀를 두었다.

맏아들은 1494년(성종 25 甲寅) 별시문과에 장원하고, 연산군 무오년에 김굉필 등과 함께 화를 입은 한훈韓訓이다. 둘째아들은 한근韓謹, 셋째 아들은 감역監役 한겸韓謙이다. 딸은 한은광韓銀光이 거창인 신수근慎守勤 후취後娶로 출가하였는데, 이가 곧 중종비 단경왕후端敬王后의 생모生母이다.

김구덕 묘소

한충인의 자녀에 대한 『선원록』의 기록은 다음과 같다.

【청주한씨 한충인을 중심으로】

1447년(세종 29 丁卯) 2월 15일 아버지 한전에게 부의賻儀로 관곽棺槨과 미두米豆 10석이 하사되었다.

한전 묘소

1456년(세조 2) 9월 11일 큰아버지인 좌의정 한확韓確이 54세로 졸했다.

… 한확의 아우 한전韓磌·한질이 모두 일찍 죽었는데, 한확이 그 고아를

한치인 묘소

한확 묘소

무육撫育하기를 자기 자식과 다름이 없었다. 아들은 한치인韓致仁·한치의韓致義·한치례韓致禮이고, 한 딸은 곧 인수왕비(仁粹王妃: 소혜왕후)이다. 시호를 양절襄節이라 하였는데, 일을 인하여 공功이 있는 것이 양襄이고, 청렴한 것을 좋아하여 스스로 이기는 것이 절節이다.

1504년(연산군 10) 6월 7일 신수근의 아내 한씨가 아버지 한충인의 벌을 속바치기를 청하였다.

신수근愼守勤의 아내 한씨韓氏가 상언上言하여 '아비 한충인韓忠仁이 나이 70에 찼으니 장형杖刑을 속贖하기를 청원합니다' 하였는데, 전교하기를, "충인은 죄가 중하니 들어줄 수 없다" 하였다.

한충인은 곧 한훈韓訓의 아비인데, 한훈이 전에 정언正言이었을 때의 죄 때문에 연좌連坐되었다.

연산군의 생모 폐비 윤씨를 쫓아내고 죽게 했다는 문제로 1504년(연산군 10) 3월부터 갑자사화가 일어나 성종 후궁이 장살당하는 가운데, 연산군의 할머니가 되는 덕종비 소혜왕후는 며느리인 폐비 윤씨를 쫓아내고 죽게 한 장본인으로 연산군에게 박대를 받다가 4월 27일 술시(戌時: 오후 7시에서 9시 사이)에 승하하셨다.

이에 연루하여 연산군은 덕종비 족속을 벌주었는데 한충인은 덕종비 소혜왕후昭惠王后의 4촌인 관계로 1504년(연산군 10) 10월 7일장 1백에 처하여 제주에 종으로 되었다.

승정원에 어서를 내리기를, "한충인韓忠仁은 소혜왕후昭惠王后의 족속이니, 특히 장 1백에 처하여 제주에 종으로 삼으라" 하였다.

또 이르기를, "한치형·한충인은 모두 소혜왕후의 족속이나 그는 이미 죽어 다시 더 논죄할 수 없으므로 죄를 다르게 한 것이다" 하였다.

■ 단경왕후 혈족 외조부
【생몰년】1435년(세종 17 乙卯)~1504년
　　　　 (연산군 10 甲子)이후. 70세졸
【성 명】한충인韓忠仁
【본 관】청주淸州
【 묘 】고양 나유리 사좌高陽奈遊里巳坐
【문 헌】『청주한씨양절공파족보』권1 (1993년 회상사 간)『선원록』5책 2971쪽

한충인 묘비

전라북도 정읍 지명의 유래

정순왕후태생유지定順王后胎生遺址

[소재지所在地 : 정읍시井邑市 칠보면七寶面 시산리詩山里]

　동진강東津江 원류인 이곳은 조선조 제 6대왕 단종端宗(1452~1455)의 비빈인 정순왕후인 여산송씨礪山宋氏가 탄생한 곳이다.

　정순왕후는 世宗세종 22년 경신庚申에 여량부원군礪良府院君 현수玹壽의 딸로 탄생하여 단종 2년 1월에 왕비에 책봉冊封 되었다.

　그러나 다음해 단종이 수양대군首陽大君에게 왕위를 찬탈簒奪당하고 세조世祖 2년 정축丁丑에 노산군魯山君으로 강봉降封되어 영월寧越로 유배流配됨에 왕비도 부인夫人으로 강봉되었다.

　왕비는 유폐幽閉된 단종을 생각하며 한 많은 세월을 보냈으며 단종이 돌아가신 뒤에는 동대문 밖 연미정동燕尾亭洞 속칭 신사 승방의 지점(현재: 동대문구 송인동 12) 청룡사에 초옥草屋을 지어 정업원淨業院이라 하여 살면서 날마다 절 뒤 바위산에 올라 영월을 바라보며 비통해 하였다.

송현수 묘비

송현수 교지

전라남도 담양 지명의 유래

충신·효자 나라의 동량棟樑 석헌石軒 류옥柳沃 선생의 생애와 혼령을 찾아.

탄생誕生과 태지胎地

류옥柳沃선생의 자字는 계언啓彦이며, 호號는 석헌石軒이요 시호諡號는 정간공 靖簡公이시니 1487년 丁未(성종 18) 전라남도 담양땅 창평현昌平縣 유곡(維谷: 얼그실: 옥산촌玉山村)에서 출생出生하였다.

아버지이신 순창淳昌·화순和順의 유생儒生 훈도공訓導公 증 이조판서贈 吏曹判書 문표文豹께서 연로年老하시도록 아들이 없어 영암靈巖 월출산月出山 머나먼

류옥 묘비

곳까지 일년여동안 왕래하면서 기도祈禱드린 공덕功德의 보람인지 선생을 낳으셨다고 한다.

어려서부터 보통사람들과는 달라 사·오세四·五歲에 능히 문자文字를 읽고 기록記錄할 줄 알았으며 문장文章에 능통能通하며 세상 사람들이 모두 신동神童이라고 칭송稱頌하였다고 한다.

그 후 22대를 연면하여 살아온 현 종택宗宅은 석헌石軒 선생의 조부이신 생원生員 인흡仁洽이시다.

송강 정철　　　　　　　　　　　와송당

사육신死六臣이신 충경공忠景公 유성원柳誠源과는 재종간(再從間: 6촌)사이여서 당시의 육신화六臣禍를 면하기 위하여 서울에서 호남의 순창 깊은 산중으로 피화避禍하게 되었고 그 후 아버지 문표文豹 증 이조판서께서 창평昌平의 성주현씨星州玄氏 사간댁司諫宅으로 장가드신 것이 연유緣由되어 유곡維谷 얼그실로 이사오게 되었으며 그 후 줄곧 세거지지世居之地로 정착하여 오늘에 이르니, 현종택現 宗宅인 와송당臥松堂은 당호堂號이기도 하며 그 몸체가 석헌선생의 태생지胎生地이다.

이 와송당은 선생의 손녀서孫女壻이신 문청공文淸公 송강 정철松江 鄭澈의 처가댁妻家宅이기도 한데 1647년(인조 25)에 와송당 몸체를 새롭게 다듬고 고칠 때, 당시 외손인 기암畸菴 정홍명鄭弘溟이(송강 정철의 아드님) 중수 상량문重修 上樑文을 지었고 그 제목題目에는 유곡외가 구업 중수 상량문維谷外家 舊業 重修 上樑文이라고 쓰여져 있다.

이 와송당의 유구悠久한 역사는 경향각처京鄕各處에 명성名聲이 자자藉藉하였으니 옛날엔 울창한 거송巨松이 누워 있어 그 그늘아래 수많은 사람들이 쉴 수 있도록 그늘이 땅에 가득하였다하며 하서 河西 김인후金麟厚 선생께서 와송당에 오시어 처사處士이신 강항强項(석헌의 작은아드님)과 함께 유람하시면서 읊은 시詩에

   오래우역래吾來雨亦來 협신여유의峽神如有意
   성훤송외계聲喧松外溪 녹영이만지綠影已滿地
   갱호수지매更好數枝梅 표향입객비飄香入客鼻

라고 하였으니 이를 풀이하여 보면

  내가 옴에 비도 또 따라와 신령神靈의 뜻이 있는 듯 하네.
  소나무 밖에 시냇물 소리 시끄럽고 와송臥松의 푸른빛 땅에 가득하도다.
  두어가지의 매화꽃 향기가 그윽하여 손님의 코를 찌르는구려!

라는 시구詩句가 전전傳해 오니 그때에도 와송臥松의 푸르름이 땅에 가득하여 누워있는 듯한 그 자태가 매우 훌륭하고 울창하였음을 짐작하고 남음이 있게 된다. 크고 수령이 오래된 누워있는 듯 한 소나무 이 와송이 불행하게도 1919년 己未에 스스로 말라 죽었으니 와송도 민족의 수난을 이기지 못했나보다.

또한 와송에 감탄하여 진사進士 아제공啞齊公께서 지은 시가 있으니 그 내용을 살펴본다.

일지횡앙일횡임一枝橫仰一橫臨
상하교반복옥삼上下交盤覆屋森
하일납양청서폐夏日納凉淸署肺
월소산영담유금宵散影澹幽襟
사혐차세난용직似嫌此世難容直
위굴기신호작음爲屈其身好作陰
유유세한고절재猶有歲寒孤節在
주인시무구침음主人時撫久沉吟

한가지 위로 솟고 한가지는 가로누어
상하로 어우러져 온 집안 덮었도다.
여름에는 서늘함이 허파에 드리우고
달밤에 그림자 옷소매에 흩어지네.
이 세상의 정직함을 용납하기 어려운 듯
그 몸을 굽혀 좋은 그늘 지었어라.
차가운 겨울에도 굳은 절개 지켜오니
주인이 때때로 어루만지며 읊음에 잠긴다오.

라 하였으니 누워있는 소나무를 글로서 그렇게 잘 그려놓을 수가 있겠는가. 태생지胎生地 유곡(維谷: 얼그실)은 500여년 동안 예악禮樂과 시문詩文으로 충효전통忠孝傳統을 이어온 명문거벌名門巨閥인 문화류씨文化柳氏 세거지世居地로서 와송당臥松堂인 종가宗家는 창평고을에서 이름난 명지名地로 알려져 삼현三賢이 나올 것이라는 택지로 알려져 왔다.

그래서인지 정간공靖簡公 석헌石軒 태지胎地요 외손인 대제학大提學 기암畸菴 정홍명鄭弘溟 그리고 별시문과別試文科에 급제한 전주판관全州判官 수초당현遂初堂俔의 생가生家이기도 하다.

이렇듯 유서깊은 와송당 정침건물正寢建物은 삼현을 태생시킨 역사적인 건물로서 1996년에 지방문화재地方文化財 제192호로 지정되어 보존되고 있다.

문과 장원급제壯元及第를 시작으로

선생께서는 15세때 사마시司馬試에 합격 이후 21세에 식년방式年榜 갑과甲科 제일인第一人으로 문과급제文科及第하였다.(지금의 사법고등고시 수석합격)

급제자及第者 명단名單에는 같은 해 10월 문신중시文臣重試에 군기시부정軍器寺副正 권홍權弘등 문인이 급제되었고 식년시式年試에는 생원生員 류옥柳沃 생원生員 공서린孔瑞麟 진사進士 나안세羅安世가. 그리고 2등 7인에 진사進士 이순李純 등이 또 3등 23인에는 진사進士 김선金璇 등이 함께 합격되었다.

전한典翰 : 홍문관弘文館에 속한 종3품관從三品官역임 (왕조실록王朝實錄 중종편中宗篇)

외직外職의 이력履歷

무안현감務安縣監

　1515년(중종 10) 7월 무안務安 현감縣監 순창군수淳昌郡守와 같이 순창 강천사剛泉寺에서 밀회密會를 갖고 나라의 기강과 천륜의 중대함을 바로잡기 위하여 폐비廢妃 신씨愼氏 중종왕비中宗王妃의 복위소문復位疏文을 만들어 올리었다. 그 소문의 내용은 국가의 대의와 정리를 세우며 권신들을 벌하고 조정이 만세무궁萬世無窮할 것을 기원함이라 부월(斧鉞: 중형)을 무릅쓰고 이 소문을 올렸으니 참으로 삼선생의 정충대절精忠大節을 흠모欽慕하지 않을 수 없다.

　당시에 삼선생이 다 수령의 관인을 걸고 소를 초안했는데 그 봉소처封疏處를 삼인대三印臺라고 세인世人들이 일컬어 왔다. 그 후에 순창 사민士民들이 삼선생의 충절을 송모頌慕하여 삼인대에 비각碑閣을 세웠다.

삼인대 비각

　그 후 삼인대 비각이 문화재로 되어 보존 유지되고 삼선생의 후손들이 삼인대 보존위원회保存委員會를 구성하여 매년 7월 30일이면 삼문 후손들이 모여 선조님들의 충절을 다시 새기곤 한다.

　이 신비복소문愼妃復疏文은 훗날 문장내용 등에 대한 감별력鑑別

力이 뛰어난 분들이 평론하기를 석헌石軒 선생의 문체文體가 분명하다고 한다.

함경북도咸鏡北道 평사評事

[정6품正六品의 품계로 평안도 1명, 함경도 1명 둠]

1517년(중종 12) 9월 22일에 함경북도咸鏡北道 평사評事 재임在任 중에 오조五條의 구폐상소문救弊上疏文을 올리었다. 이 구폐상소문은 당시의 시국상을 소상히 묘사한 것으로 임금의 호응도가 높았다.

동년 11월 6일에 병조兵曹에서 평안도平安道 평사評事의 추천을 양팽손梁彭孫, 이희李喜, 이홍간李弘幹 등을 임금께 청하니 임금이 하기를 함경咸鏡, 평안양도平安兩道의 평사는 나라의 경계가 되는 곳이 많으니 범인凡人으로는 임명任命할 수 없다면서 앞의 류옥柳沃을 사품四品으로 올려 발령했는데 이제는 관직도 높고 덕망있는 분을 가리는 것이 옳다고 했다.

함경도 지도

종성도호부사鍾城都護府事

임금이 정무를 맡고 있는 관청에 명령하기를 "류옥柳沃은 가히 변방邊方에 쓸 재격才格이 됨으로 이미 당상관堂上官에 승격陞格했는데 이제 종성부사鍾城府使가 바뀌었으니 류옥으로 임명하겠도다"라 하니 이조吏曹에서 임금님께 말씀하기를 종성이 잔폐殘弊되었으니 마땅히 가리어 보내는 것이 옳으나 그러나 류옥은 일읍一邑의 수령에만 한限한 자격이 아닌데 임금님의 명이 계시므로 우선으로 임명하겠습니다.

당일에 한효원韓效元은 병조참판兵曹參判, 류인숙柳仁淑은 동부승지同副承旨, 송흠宋欽은 대사간大司諫, 박훈朴薰은 지평持平, 최산두崔山斗는 교리校理, 류옥柳沃은 통정通政 당상관堂上官에 승격陞格하여 종성부사鍾城府使에 발령되다.

동월同月 24일에 선생께서는 독자獨子로써 어머님이 늙으심을 이유로 사직을 올렸는데 임금님이 말씀 하시기를 류옥의 모친이 나이는 칠십 미만이니 법에 벼슬을 그만두고 귀향歸鄕할 수 없다고 하면서 또 왕래하면서 직무 수행하는 것도 좋으니 사양하지 말라고 하였다.

류인숙 비각

8월 14일에 어전모임에 임금이 정원에 말하기를 류옥이 전번에 평사가 되어 그 도내의 사정을 잘 알므로 이제 종성부사鍾

城府使를 임명함에 있어 류옥이 사양을 했으나 허락하지 않았다.

기타其他 재직중在職中 일어난 일들

선생은 22세 되시던 해에 전적典籍 기사관記事官에 이어 검토관檢討官으로 재임중 조강朝講에서 아뢰기를 임금의 가장 큰 일은 경연經筵을 열어 강론講論하는 것이 제일 중요한 일로 생각합니다.

근간에 경연하는 자세가 처음에 비하면 게을러졌으니 더욱 노력하여 경연에 힘써 학문을 닦고 어진 사대부를 길러 정체政體를 자문하는 것 또한 중요한 일입니다.

라고 임금께 아뢰니 임금께서 매우 온당하다고 하면서 더더욱 경연에 힘쓸 것을 윤허하였다.

23세 되던 해 사간원 정원으로서 임금께 말씀 드리기를 신이 전라도全羅道에 다녀오면서 들으니 전 화순현감和順縣監 최몽석崔夢錫은 살인한 것이 8~9명이 이르므로 그 죄罪가 아주 중한데 경차관敬差官 오익념吳益念이 상부에 알리지 않고 방치시켜 도피케 하였으니 사정私情을 둔 것이 아닌가 합니다.

또 지나는 길에 각 고을의 도둑을 지키는 막소幕所가 많이 설치된 것을 보았는데 막직莫直 5~6인이 지키면서 도둑은 잡지 못하고 까닭없는 행인들만 가두어 신분증이 없다는 핑계로 소지품을 빼앗는

화순군 지도

등 패단이 많으니 폐지하소서 함에 왕께서 그런 말을 살피어 처리하도록 하였다.

　1509년(중종 4) 8월에 휴가를 얻어 고향故鄕에 와서 잠시 계셨는데 당시 조정에서는 내수사內需司에서 어려운 사안들을 처리하는 과정에서 대간들의 시비를 판별하는데 의견이 상충된 것을 임금님께서 인지하시고 류옥柳沃으로 하여금 분명한 판단으로 결정 하라고 명하시니 어명에 의하여 귀임歸任하여 시비를 가려 판별하였다고 한다.

　그때 선생의 춘추 23세요, 장원급제壯元及第하여 조정에 드신지 불과 2년밖에 안되는데도 벌써 임금의 신임을 한몸에 받았으니 영광스러운 일이라 하겠다.

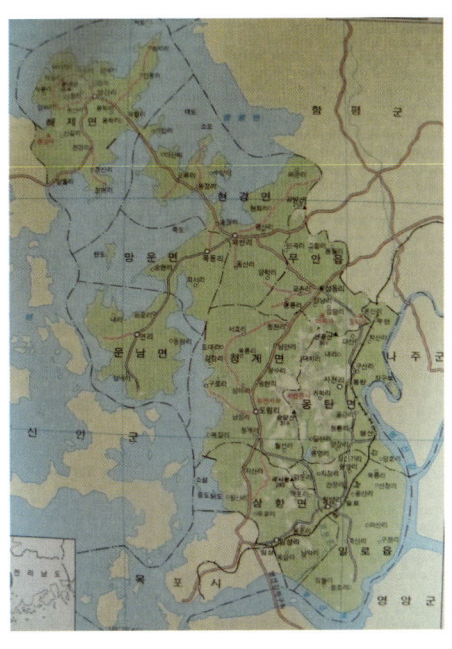

무안군 지도

동년 12월에는 헌납(獻納: 정5품)에 발령되셨고, 1510년(중종 5) 연세 24세인데 어버이를 봉양奉養하기를 원하여 귀향을 희망함에 무안현감務安縣監에 발령되었다.

그 후 28세에 내직內職으로는 홍문관弘文館 수찬修撰과 사간원司諫院 헌납獻納에 거듭 제수除授되었고 1515년(중종 10) 2월 23일 29세에는 홍문관 교리(校理: 정5품) 사헌부司憲府 지평持平에 이어 홍문관 응교(應敎: 정4품)에 제수. 동년 5월 5일 사가독서賜暇讀書에 선발되어 호당湖堂에 들어갔다.

사헌부 지평으로, 아침경 연장에 나가 말씀하기를 전라도 좌수영左水營은 왜적이 왕래하는 길인데 그 사이에 두산도杜山島가 있습니다.

줄잡아 계산하여 13년간을 수사(水使: 수군절도사)가 이 섬에 사둔전(私屯田: 주둔군의 군령 확보를 위한 밭)을 개간하였는데 밭 갈고 김매기 위하여 왕래할 즈음에 군졸이 왜적에게 해를 입은 자 많았습니다.

그러므로 의논하여 둔전屯田을 파하게 하였는데 신이 들으니 요즈음 둔전을 다시 개간하여 군사들이 괴로워한다 합니다. 지금은 변두리의 재앙과 별란이 있으니 더욱 군사를 수고롭게 해서는 안됩니다.

청컨대 이를 금지시키고 단속하여 못하도록 하소서라고 하실 정도로 국정을 바로 잡는데 거침없이 진언 하였다.

다음 외직外職으로의 길

함경북도 평사에 이어 부령부사富寧府使에 제수除授되었으니 당시 조강朝講에서 시강관 김정국金正國이 아뢰기를

"국가에서 언관言官을 외직으로 보낸 때가 있으나 (은연중에 류옥柳沃이 장령으로 부령부사가 된 것을 말함) 신은 잘못이라고 생각합니다.
임금이 비록 언관을 두어 그로 하여금 말하게 하지만 바른 말 하는 자가 몇이나 됩니까.
예로부터 강직한 선비가 바른말을 하면 임금은 싫어하는 마음이 없지 아니하고 밑에 권신이 있어 위복威福을 좌우하면 반듯이 어느 외임外任은 중한 자리이니 아무 사람이라야 그 소임을 감당할 수 있다 하여 그 자리에 제수하게 됩니다. 모름지기 언책言責을 맡긴 사람을 외직에 보충하지 말라는 것입니다. 간사諫士를 시기하는 폐단이 반듯이 이로 말미암아 생기게 될 것이

정광필 묘소

니 이와 같은 일을 일체 하지 말아야 합니다."

하니 상은 "이 말이 매우 옳다" 하였다.

영상 정광필鄭光弼은 아뢰기를 "부령富寧에는 무신武臣을 보내야 합니다" 하니 상上이 이르기를 "무반에는 적합한 사람이 없기 때문에 류옥을 보내려 한다" 하였다.

임금께서 이르기를 "문무文武 관원 중에서 직품을 따지지 말고 정밀히 가려서 보내라 무신을 보내면 방어는 잘 할 수 있겠으나 어찌 오랑캐의 형편을 분명하게 알아서 저들을 진정시키고 복종시킬 수 있겠는가 내 생각에는 류옥을 당상에 승격시켜 보내는 것이 좋겠다"하였고, 또 "류옥은 북방의 일을 익히 아는 사람이라 이제 만약 그를 그곳에 두면 무인들이 두려워 복종할 것이니 이는 대간을 존중하지 않은 뜻이 아니다"라 하였다.

1518년(중종 13) 7월에 고령첨사高嶺僉使에 제수除授하면서 통정通政인 당상관堂上官에 승격陞格되기도 하였다. 그 전에 함경북도咸鏡北道 우후(虞侯: 절도사의 부관)에 임명되기도 하였고 종성도호부사鍾城都護府使에 제수되었으니 문신을 무반자리에 보낸다고 만류하는 제신諸臣들의 반대에도 임금께서 "변강에 쓸만한 재격才格이며 그곳의 사정을 잘 알고 야인野人들이 무서워 하니 류옥 같은 적임자가 없다" 하였다.

평소에 이외민회(吏畏民懷: 관리는 두려워 하고 백성들은 사모함)하고 형간정청(刑簡政淸: 형벌을 가볍게 하고 행정은 깨끗하게 함)이라는 추앙을 받아왔었다.

선생의 효심孝心을 살펴보자

관첩官妾 간아지干阿支의 명정사실命旌事實

때는 1513년(중종 8) 4월에 임금께서 온 나라에 선포하기를 이 나라의 충신, 효자, 열녀 등 그 행적이 뚜렷하고 여러 사람의 시범이 될 수 있는 사람들이 사록에 오르지 못한 이를 빠짐없이 조사하고 인쇄본 하라고 하명하시니 예조禮曹가 각도에 통첩하여 그 절의節義가 명정命旌할 만한 사람을 보고하라고 명령하였다.

남곤 묘비

이에 전라도全羅道 관찰사觀察使 남곤南袞이 장계(狀啓: 임금님께 올리는 문서) 하기를 순창군淳昌郡 관비官婢인 간아지干阿支는 방년芳年의 나이인데도 아직 시집가지 아니하니 본군훈도本郡訓導인 류문표柳文豹가 간취揀取하여 관첩官妾을 삼았다고 하며, 문표文豹께서 임기를 마치고 고향으로 돌아갔음에도 신의를 지켰고 훈도공訓導公 사후死後에도 복상삼년服喪三年하고 상기喪期를 마친 다음 용모를 꾸미지 아니하며 그 부모들이 다방면多方面으로 달래어 개가改嫁시키고자 하니 간아지가 단발하고 미복微服으로 선생의 집에 도귀逃歸하여 지금까지 지조를 지키고 살아간다고 첩보牒報하니 드디어 명정命旌되었다고 했다.

정려각과 신묘비는 세월이 많이 흐른 어느 때 순창골에 큰 비가 내려 땅속에 묻혀 버렸다.

하천공사가 대대적으로 이루어진 어느 날 간아지의 정려비가 땅속 깊이 묻혀 있는 것을 찾아내었다.

그 비는 자손들 중 제일 가까이 살고 있는 순창군 금과면 남계리 종친들에게 인계되었으며 그 비를 세우지도 못하고 우선 그 마을 가운데 사성제思誠齊라는 제실祭室의 뜰 앞에 아무 계획없이 방치하고 있었다.

곧바로 비석을 세우고 비각을 세울 후속대책이 없이 지나는 어느 날에 남계에 살고 계신 어른들의 꿈에 나타난 선몽은 생생하였으니 어엿한 여성이 나타나 소복하고 춤을 추었으며 이런 꿈이 한 차례도 아니고 서너 차례 있었지만 이상하다고 여겼을 뿐 까닭을 모른 체 지내다가 사성제에 불이 나고 말았다. 그제야 모두가 간아지 할머니의 원한에서 기인 된 것이 아니냐, 잘못된 처사로 여기고 뉘우치면서 숙의 끝에 훈도공의 묘소앞(담양 대덕면 비차리 원효동 외록外麓)에 설단設壇하고 그곳에 비를 세워 영혼을 위로해 드리고 있다.

지금까지도 훈도공 향사일에 향화를 피우며 주잔을 드리고 있는데 몇 년전에 순창 삼인대 현창사업을 계속하고 있는 선양회宣揚會에서 간아지 정려를 복원하고 비각을 세우겠다며 그 비를 순창 군청 앞 뜰에 세워놓고 간단한 비각을 둘렀으나 정려복원旌閭復元은 아직 이뤄지지 않고 있으니 안타까운 일이다.

신비복위 상소의 큰 줄거리

본래 선생께서는 곧 바르시고 정의감에 젖어계신 분으로서 그릇된 일을 바로잡는 파사현정破邪顯正의 성품이시기에 검토관檢討官의 관직에 계실 때부터 어전에서나 경연하실 때를 불문하고 청계請啓하여 임금께 상소하신 회수가 수십차례이였으니 이는 오직 민심을 수습하고 시정時政을 바로 잡아 앞날의 국운을 튼튼하게 하심에 있음은 조정의 모두가 알고 있는 일이었다.

그 중 신비복위상소愼妃復位上疏와 오조구폐五條救幣의 상소문上疏文에 관한 연유만 살펴보자.

신비복위소愼妃復位疏와 삼인대三印臺

1515년(중종 10) 7월 그믐날 29세때의 일이다 순창군수淳昌郡守 김정金淨 그리고 담양부사潭陽府使 박상朴祥과 더불어 순창淳昌 강천사剛泉寺에 모여 신비愼妃

눌재 박상 초상

복위소復位疏를 올렸으니 장경황후章敬皇后가 왕자(王子: 후일 인종 仁宗)를 낳으신 해이기도 하다.

그때 나라의 현신을 살펴보자면 중종中宗으로서는 늦게 얻은 적통왕자嫡統王子이었기에 경축 분위기가 온 나라에 가득하였으나 불행히도 왕후가 산후증産後症으로 7일만에 갑자기 승하하므로서 국상을 치러야 할 슬픔으로 바뀌었고 조정이나 백성 모두가 불길不吉한 일이라도 일어날 것 같아 두려워하였다.

궁중宮中에서는 반정공신과 훈구대신들이 입김으로 후궁들은 왕자王子와 옹주翁主를 출산하고 임금의 총애를 서로 독차지 하려고 경쟁이 맹렬하였을 때였다.

이러한 애정행각은 후일에 왕위계승에 관련되는 권력의 쟁탈전으로 비화되었다.

경빈 묘비

이런 와중에서 제기提起될 왕후와 세자책봉世子冊封의 망상妄想에 사로잡혀 사전공작에 골몰하였다.

후궁중에서는 박빈朴嬪과 홍빈洪嬪이다.

박빈(경빈敬嬪)은 제일먼저 궁에 들어와 장자를 낳아 임금의 총애가 깊으니 반정공신 박원종이 들여놓은 것이다. 박빈은 제일 왕자第一王子 복성군福城君을 낳았고 그

홍경주 묘비

복성군은 출중하며 영민英敏해서 임금의
총애가 매우 깊었다.

홍빈은 반정 일등공신 홍경주洪景周
의 딸로 그녀 또한 왕자를 낳아 깊은 총
애를 받고 있었다. 두 빈의 치열한 경쟁
은 후일 중대한 문제을 일으키는 계기가
되었다.

희빈 홍씨의 묘소

이러한 상황 속에 왕후가 왕자만 낳고 승하하였으니 그 어린 적
통왕자가 얼마나 외롭고 위태했는가는 짐작하기 어렵지 않았다.

업친데 덮친격으로 나라에는 천재지변이 잇따라 발생하여 민생이
도탄에 빠지게 되자 조정마저 안정되지 못하고 어찌할 바를 모르며
어지러웠다.

이토록 나라가 안정과 정세가 불안해지자 임금은 구언교求言敎
를 전국에 내려 우국인사憂國人士들이 충언忠言토록 하였다. 구언교
를 내려 시정時政의 득실得失과 난관의 해결책을 찾기 위함이었다.

구언교가 내려지면 백성들은 평소에 말하기 어려운 내용도 상관
없이 상소하여 의견을 제출할 수 있었다.

조정에서는 상소를 보고 백성들이 원하는 바가 무엇이고 민의의
소재가 어디에 있는지 파악하여 선정을 베풀기 위해 만든 제도였다.
혹 국왕이나 조정의 비위에 맞지 않더라도 그로 인하여 불이익을 당
하거나 책임추궁은 받지 않은 것으로 되어 있었다.

선생께서는 임금의 구언교가 내리자 평소에 생각하고 있었던 의견을 임금에게 올릴 수 있는 좋은 기회가 왔다고 기뻐하며 상소 내용을 상의하기 위해 의기상투하여 순창군수淳昌郡守 김정金淨과 담양부사潭陽府使 박상朴祥등 순창의 삼인대三印臺에서 회합會合을 하였다.

삼인대는 훗날에 이름이 지어진 것으로 경치 좋은 강천사剛泉寺가 있어 선비들이 자주 찾는 명승지名勝地였다. 삼인대란 이름은 삼인三人의 수령守令들이 모여서 신비복위상소愼妃復位上疏를 논의한 자리로 세 사람의 지방관장들의 관인官印을 걸어놓았던 곳이라 하여 얻어진 명칭이다.

회합을 한 삼선생들께서는 우선 조정 돌아가는 정국과 추이推移를 논의한 끝에 첫째, 하루빨리 왕후를 맞이하여 왕실을 안정시키고 둘째, 그 왕후자리는 반정反正때 죄없이 폐출된 전왕비 신씨를 복위시켜 과거의 잘못을 바로 잡고 셋째, 국모를 모함 추방하는 일에 앞장섰던 반정공신들의 죄를 논하여 엄벌嚴罰에 처할 것을 청하는 상소上疏를 연명으로 올리기로 합의合議하였다.

그런데 상소를 작성하여 서명하는 과정에서 문제가 있었다. 상소할 삼인은 각자 늙은 부모를 봉양하는 처지

삼인대와 비석

인데 눌재訥齋공과 충암沖庵공에게는 만일의 경우 부모를 위탁할 형제가 있지만 류옥께서는 독신獨身이었다.

임금의 구언교지에 의해 상소하는 것이지만 상소내용의 중대함과 공신측功臣側의 반발이 거세질 것이 틀림없고 상소인들은 생명까지 위협받는 중벌을 당할 수도 있는 일이었기 때문이다.

"죄를 물어 죽은 것은 모두 두렵지 않으나 우리에게는 모두 부모님이 계시고, 만약에 화를 당한다면 우리 두 사람은 형제가 있어 부모님을 뫼실수 있으되 석헌石軒 류공柳公만은 부모님을 봉양할 형제가 따로 없으니 홀로 남겨진 부모님께 큰 불효가 됨으로 상소上疏에 연명連名을 하지 말아야 한다.
우리들의 뜻은 서명하지 않는다 해서 다를 것이 없다"

라고 눌재공과 충암공의 설유說諭가 계시어 오랜 시간을 논의論議한 끝에 류옥선생은 서명없이 상소하는 것으로 결론이 내렸고, 결국 몰명沒名된 역사가 이어졌다. 참된 군자君子들의 처신處身은 정의로운 정신과 신념을 갖고 행동하면서 오로지 부모에 대한 효孝를 실천하려고 노력하였다. 상소문의 취지는 삼인대 논의에서 줄거리를 결정하였고 소장疏狀의 작성은 최연하最年下인 석헌선생石軒先生에게 위임되었다. 연명에서 선생은 몰명沒名되었으나 뜻이 같고 추구한 바 동일했고 한가지이며 상소문까지 작성하는 책임을 맡았으니 직접 서명은 하지 아니하였지만 부끄러울 것이 조금도 없었으며, 예부터

충신은 효도한 집안에서 구한다.

[충忠은 구어효문求於孝門]라 하였음에 충과 효가 하나임으로 당시로서는 충분히 용인된 처사라 할 수 있었다.

고비 신씨 복위소故妃 愼氏 復位疏를 크게 5조목條目으로 요약하면,

1. 부부夫婦의 도道는 천하질서天下秩序의 근본이며 왕도를 바로 세우는 도리이다.
2. 폐출된 전왕비 신씨는 억울하게 누명을 쓰고 임금과 부부의 인연을 억지로 단절 당하는 불행을 겪고 있으니 이를 바로 잡아 왕시로가 국가를 안정시켜야 한다.
3. 중종中宗의 반정은 선대임금의 허물이 너무 많아 필연적必然的이고 정상적인 순환이며 공신 몇 사람의 힘으로 이루어진 것은 결코 아니다.
4. 때마침 왕비의 자리가 비어 있으니 폐출된 신씨를 복위復位하는 것은 당연한 일이다.
  그래야 원자의 처지도 안정될 것이다.
5. 반정초기反正初期에 왕비를 폐출시킨 역신들의 죄상을 물어야 한다.

이상 다섯가지를 바로 잡아야 된다고 주장한 것이다.

삼인대 비문 번역내용은,

순창군淳昌郡에서 20리 되는 곳에 옛 절이 있으니 그 이름은 복천福川이다.

지금은 강천사剛泉寺라 한다. 그 절의 남쪽에 이른바 삼인대三印臺가 있으니 높이가 수십 길이나 되고 아래로 굽어보면 깊은 연못이 있으며, 그 위에는 몇 그루의 소나무가 바위틈에 서 있는데 몇 백년이나 되었는지 알 수가 없다.

충암 김정 선생의 신도비

삼인三印이란 무엇인가?

옛날에 순창군수였던 충암 김정金淨선생과 담양부사였던 눌재 박상朴祥선생, 그리고 무안현감이던 석헌 류옥柳沃선생이 이곳에 모여서 신씨복위 상소를 의논하였다.

3현은 각자 관인을 나무에 걸고 죽음을 무릅쓰고 상소할 것을 결의하였으므로 삼인대三印臺라 이름을 붙인 것이다.

삼가 생각하건대, 1506년(중종 1) 중종대왕께서 혼란을 안정시키고 반정을 이루자 부인 신씨는 정식으로 왕비의 자리에 올랐었는데 반정공신 박원종 등이 부인의 부친 좌의정 신수근이 반정당시에 죽었다 해서 자기네들을 해칠까 우려하고 폐위할 것을 사뢰어 청했다.

중종께서 처음에는 교지를 내려 '조강지처를 어떻게 버리겠는가'라고 하다가 누차 청하니 허락하시고는 마침내 숙의淑儀 윤씨尹氏

를 책립하여 왕비로 삼았으니 그 분이 장경왕후章敬王后이다.

십년을 있다가 1515년(중종 10)에 왕후가 승하하였고 그때에 재이災異가 있어 언론을 구했다.

삼선생은 그래서 임금의 뜻에 호응하여 봉장封章을 올려 다시 신씨의 위호를 바로잡기를 청하고 이어 훈신들이 임금을 협박하여 국모를 쫓아낸 죄를 극론하였는데 그 말이 심히 통절하였다.

상소문이 올라가자, 대간 이행李荇등이 체포·국문하기를 청해, 닥쳐올 화를 예측할 수 없었으나 정광필鄭光弼이

이행의 행적비

강력하게 구원한 덕분으로 도배徒配에 머물고 오래된 후에 방환되었다.

상소문을 기초할 때 세 개의 직인을 소나무 사이에 걸었었다고 한다. 충의로 분발했던 당시의 정경을 생생히 볼 수 있는 것 같다.

다만, 상소문 가운데 류선생의 이름이 없으니 그것은 무슨 이유 때문인가?

예부터 전하기는 눌재와 충암 두 선생이 석헌石軒에게 말하기를,

"우리들은 다 어버이가 늙으셨는데 자네는 어버이를 봉양해 드릴 형제가 없으니 죽으면 효孝를 해친다"

라고 하였다.

이 때문에 석헌 홀로 면했던 것이다.

아아, 이 대臺에는 바위와 개울의 아름다움이 있어 고금에 걸쳐 많은 귀인들이 스쳐 지나갔었다.

그러나 모두 구름과 안개가 눈을 스쳐 지나가듯 다 가버렸고 오직 세 분 선생의 풍도風度만이 늠름하고 당당하게 전해지고 있으니, 그것이 어찌 군신과 부자의 윤상倫常이 천경지의天經地義의 변함없음 같이 영원히 남아 있기 때문이 아니겠는가?

1699년(숙종 25)에 현감縣監 신규申奎의 말에 따라, 신씨의 위호位號를 회복시키려고 하였으나 조정의 의론이 많이 갈라져 시행하지 못하고 별묘別廟를 지어서 받들었다. 그러다가 1739년(영조 15)에 다시 여러 신하들을 모아 의논하고 임금의 영명하신 결단으로 신씨의 호를 단경왕후端敬王后라 추상追上하여 태묘太廟로 올려놓고 능陵을 온릉溫陵이라고 하시었다.

온릉 표지판

아울러 선생들에게 제문을 내리고 자손의 녹용錄用을 지시하였다.

아아, 삼선생의 이름은 비록 한때 굴하기는 하였으나 마침내는 백년 후에 가서 펴지게 되었다. 하늘이 반드시 이길 사람을 정해 놓았으며, 일의 시비도 이미 확고하게 정해졌음이 확실하다. 이런데도 저 훈신勳臣이라는 자들은 아직도 종향從享의 열에 편안하게 있을 수 있겠는가?

군郡의 인사들이 대臺 위에 비석을 세워서 그 사적을 기록하기를 계획하고 나에게 부탁하여 글을 짓게 하였다.

여기서 더욱 알게 되는 것은, 정도正道를 지키고 덕을 좋아하는 마음은 사람마다 다 같이 가지고 있다는 것이다.

온릉 전경 홍살문

이에 명문銘文으로 적어 기리노니,

강천剛泉의 맑은 물은 동쪽으로 우렁차게 흘러가고 온릉溫陵의 울창한 나무는 북쪽을 바라보며 흐르고 푸르네.

비석은 닳아 없어질 수 있겠으나 선생들의 이름은 끝나는 일이 없을 것이다.

숭정 기원후 재갑자 1774년(영조 50) 4월

*영조 20년에 해당됨.

충신 삼선생들게 버려진 사패지

삼인대三印臺 일대의 광대한 산림山林이 삼인대에 소속되어 있어 현재까지 바눌제, 김충암, 류석헌 삼선생의 후손 공동명의로 등기되어 관리해 오고 있으나 공원부지로 묶여 순창군에서 관리해 오고 있는데, 고비신씨 복위가 실현되던 영조때 임야를 사패지지賜牌之地로 내린 것이 아닌가 생각된다.

송사 기우만奇宇萬 선생이 지으신 삼인대 비각 중수기三印臺 碑閣 重修記는 생략하고 영조와 정조의 양대 찬양문이 있으니, 영조英祖의 삼인대를 찬양하는 글에는 천추숭숭 무굴불신(天樞崇崇 無屈不伸: 삼인대의 정신은 북두칠성처럼 높고 높아 굽으려도 펴지지 아니함 없다)이라 하였고, 정조대왕의 특별特別 어제문御製文에는 삼인기대 만고불인(三印其臺 萬古不磷: 삼인의 그대는 만고에 이그러지지 아니하리라)이라 하였으니 이보다 더 아름다운 말은 없으리라. 아무리 미사여구美辭麗句를 구사한다 하여도 이보다 훌륭한 말은 없으리니, 당시의 사람들이 삼선생의 후손들 한을 풀어준 셈이 되었다.

삼인대비의 비각까지 이루어지고 사패지지까지 하사받아 그 광활한 토지를 수호관리를 철저히 하도록 한성부漢城府나 도순사都巡使 및 예조禮曹에서 입안立案한 절목節目이 있으니 한성부 입안절목의 번역내용은 다음과 같다.

순창 강천사 삼인대 입안절목淳昌 剛泉寺 三印臺 立案節目
　　동치同治 1801년(순조 1 壬戌) 12월 한성부漢城府 입안立案 위의 안案을 만들어 주게 된 것은 전라도 순창군 서쪽에 강천산 삼인대三印臺가 있으니 충암冲庵 문간공文簡公 김선생과 눌재訥齋 문

삼인대를 감싸고 있는 강천사 뒷산

간공文簡公 박선생과 석헌石軒 정간공靖簡公 류선생이 중종조中宗朝에 단경왕후端敬王后의 복위를 청하기 위하여 여기에 서로 모여 합의를 하는데 인印끈을 풀고 소문疏文을 받들어 올리는 곳이다.

뒤에 비각을 짓고 비를 세워서 도암陶菴 이선생李先生이 그 비에 명사銘詞를 썼으니 '강천강천剛泉의 물이여 동으로 흘러 출렁 출렁하도다 온릉(溫陵: 단경신씨)의 나무여 북쪽을 바라보면 푸르고 푸르도다 돌은 가히 일그러질지언정 선생들의 이름은 끝까지 다함이 없으리로다' 그리고 우리 영조英祖대왕께서 그 삼인대를 찬양하기를 '천추(天樞: 북두추성)가 높고 높아 굴하여도 펴지 않음이 없도다'라고

도암 이재

하였고 정조正祖대왕께서도 특히 어제御製를 내리시기를 '삼인三印 그 대臺가 만고에도 이그러지지 않으리라'고 하였으니 삼선생의 늠름한 충절忠節은 천년의 아래에서도 가히 상상할 수 있도다.

영조

정조

그 비각을 수호하는 절차는 나라에서 높이 장려함가 고을 원님들의 정성스럽고 부지런함과, 사림士林들의 사모함이 있으니 돌이켜보건데 얼마나 존경한 처지일소냐!

그러나 시골 미련한 백성들이 국내를 점점 앗아가며 투장도 제멋대로 하고 뿐만 아니라 송추松楸에도 문란히 도벌하고 있으니 이는 어찌 무식하고 미련한 백성에게만 책임을 지리요, 위로 관리와 아래로 사림들의 우러러 존모尊慕하는 도리가 진실로 교령敎令이 마땅히 할 바가 있고, 앞뒤로 고을 원님들의 보호하고 단속함이 엄중하지 않음이 없으되 백성들의 습성習性이 존엄함을 알지 못하고 점점 함부로 함에 이르러, 이에 진정陳情 건의建議가 있었다.

도리로 헤아려 보건데 진실로 놀랍고 탄식할 일이다.

그러므로 안案을 세워 좌에 절목節目을 만드노니 각별히 마련하여 영구토록 준행할 것을 성문成文하노라.

칠조절목七條節目

一. 삼인대三印臺 국내의 한계는 주룡主龍인즉 천치天峙 남부에 이르고, 오른쪽으로는 유향대流香臺 이목동梨木洞 뒷기슭까지 이르고, 주안主案은 우자동牛子洞으로부터 절뒤에 선왕등仙王嶝에 이르기까지 나라에서 한계를 정하여 줌이니 엄중히 한계에다 금표禁標를 세울 것.

一. 투장건은 만일에 파가지 않은 곳이 있으면, 원근의 관계를 막론하고 곧 관리자를 정하여 파서 옮기되 일후 사방산 안으로 보수步數의 멀고 가까움과 보이거나 안보이거나 투장주를 알거나 모르거나 관서로부터 곧 파서 옮길 것.

一. 송추松楸건은 수림을 잘 가꾸어 비각을 보수할 자재로 쓰게 되니 도벌을 엄금하되 만일에 범수犯樹한 자가 있다면 엄벌로 다스릴 것.

一. 이땅은 산중山中임으로 미련한 백성들이 화전火田을 이루다가 막중한 이땅이 연소延燒될 염려가 있으니 각별히 단속할 것이요, 혹 고의로 방화한 자가 있다면 중벌로 엄히 다스릴 것.

一. 비각직(비각직: 제지기)과 산직(山直: 산지기)등의 건은 서성재徐成在, 박경심朴景心, 김영수金永水이니 관청으로부터 사령장을 내주고 군역軍役이나 호역戶役을 아울러 면제하여 주고 때를 따라 결정할 것.

一. 삼인대三印臺의 아래 옥호리玉壺里 백성들은 모두 금화군禁火軍이니 호역戶役을 면제하여 주고 영원토록 준행할 것.

一. 해당 고을 이속吏屬들이 만일에 삼인대의 산지기에게 침역侵役한 일이 있다면 엄중히 다스릴 것.

한성부수결(漢城府手決: 관인이 장장마다 찍혀있음)

본입안절목本立案節目의 외에도 도순사都巡使의 수결手決 관인官印이 찍힌 삼인대절목三印臺節目이 있음

삼인대가 영구히 보존되어야 하는 이유

삼인대 보존위원회가 오래전부터 구성되어 유지발전하고 있으며 10여년 전부터는 순창사림들의 주선으로 선양회宣揚會가 발족되어 상소문 작성일인 7월 그믐날에 군민들 및 도민들의 자발적인 성연盛宴을 위하여 5~6백 명씩 모인 가운데 기념행사를 거행해 오니, 삼선생의 후손들은 이보다 더 감사할 도리가 없다.

근래에는 전주이씨 종약원에서도 참예되고 거창 신씨들도 합세하여 그야말로 뜻있는 기념행사가 이어져 온다.

정간공 석헌 류옥柳沃의 혈세계血世系

시조 17세
선생의 아버지 문표文豹
벼 슬 : 훈도공訓導公
묘 지墓地 : 담양군 대덕면 원효

석헌 류옥 선생의 초상

화순과 순창 고을의 유생 훈도儒生訓導를 하시면서 유생교육에 공헌하셨으며 순창에서 창평면 해곡리(유곡·얼그실)로 이거하신 최초의 할아버지이시다.

할머니는 성주현씨星州玄氏이시고 아버지 중조는 봉열대부奉列大夫로 행직行職이 평시령平市令인 계인李仁이요, 대사간大司諫 사의思義의 현손녀玄孫女이시다. 관첩官妾 간아지千阿支 할머니의 정려비旌閭碑가 순창읍내 대교변에 세워져 있다.

1501년(연산군 7) 15세때 진사시進士試에 합격하셨고 1507년(중종 2) 21세 약관으로 문과시험에 장원급제壯元及第하신 특출한 영재英才 할아버지이시다. 그러시기에 9세에 유명한 광한전부廣寒殿賦를 지으시고 14세에 귀래정기歸來亭記를 지으신 문장력은 후세에 길이 귀감으로 남는다.

또한 1515년(중종 10)에 신비복위상소愼妃復位上疏를 올려 충절忠節을 남기셨으며 내외적內外的으로 정사에

귀래정의 모습

참여하시어 전한典翰 종3삼과 종성부사鍾城府使 정3품(당상관) 벼슬 등을 역임하신 출중한 역량가이셨으나 불행히도 1519년(중종 14) 3월 23일 33세의 젊으신 나이로 고종하시니 가족 친지는 말할 것 없고 중종임금까지 큰 인재를 잃었다하며 애석해 하였다.

할머니는 여양진씨驪陽陣氏이니 아버지는 참봉 세형世衡이요. 할아버지는 교수敎授 겸謙이며 광주인廣州人이시다. 1587년(선조 20) 4월 25일에 졸하셨으니 슬하에 삼남을 두셨다. 묘는 담양 반룡산 내록內麓 건좌원乾坐原에 모시고 있으며 쌍분雙墳이다.

류옥 선생의 묘소

柳 沃 (18世)

안렴사 정안렴사政按廉使 靖의 6세손이요, 훈도 문표訓導 文豹의 아들이다. 훈도공訓導公께서 일찍 자녀를 두지 못하여 영암 월출산의

신령에게 빌어 성종 18년에 창평 유곡昌平 維谷에서 공을 낳았는데 어려서부터 재질才質이 특출하여 신동으로 일컬었으니 9세에 광한전부廣寒殿賦를 짓고 14세에 영귀정기詠歸亭記를 지어 회자膾炙가 되었다.

15세 되던 1501년(연산군 7년)에 생원시에 급제하고, 21세 되던 1507년(중종 2년) 식년문과式年文科에 갑과甲科 장원으로 급제하여 명성을 떨치었다.

이듬해 시종侍從의 반렬에 들었더니 4년 기巳(1509) 정월 사간원 정언司諫院正言에 제수되어 2월에 척신 홍경주의 전횡專橫을 극간極諫하였으나 윤허를 얻지 못하고 동년 7월 홍문관 수찬弘文館修撰으로 전직하여 8월에 휴가를 얻어 고향에 와 있었다.

이때 내수사內需司의 장리長利와 기신재忌辰齋의 용인用人을 혁파革罷할 것을 대간은 물론 성균관의 유생들까지 연장連章으로 계청啓請하였으나 오히려 대간이 좌천되고 해결이 되지 못하니 왕께서 "류옥柳沃이 와서 시비를 분명히 가림을 기다려 결정하리라"하시었다.

공께서 휴가를 마치고 돌아와 소명을 받들고 입시入侍하여 시비를 분명히 가려 아뢰므로써 마침내 처리되었다.

이듬해 노친老親 봉양을 들어 사직하고 고향으로 돌아왔다.

9년 (1514) 12월 홍문관수찬弘文館修撰에 제수되고 얼마후 사간원헌납司諫院獻納으로 전직되었다가 이듬해 2월 다시 홍문관으로 들어와 교리(종 5품)를 거쳐 전한(홍문관 종 3품 관직)에 올라 예문관응교藝文館應敎를 겸하였다. 이어 사헌부장령司憲府掌令에 재직중 노친老親의 봉양을 들어 외직을 청하여 무안현감務安縣監으로 나갔는데 정사를 잘 다스리니 아전들이 두려워하고 백성들은 잘 따라 공의 선정善政을 칭송하였다.

이에 앞서 중종께서 즉위 초에 부인 신씨를 마땅히 중전에 책봉해야 바른 일이었는데 훈신 박원종勳臣 朴元宗등의 저지로 폐위되어 사제로 쫓겨나 있었다.

인종 효릉

그 후 숙의 윤씨를 왕비로 책봉하니 즉 장경왕후章敬王后는 봄에 원자(元子: 후에 仁宗)을 낳고 산후병으로 7일 만에 승하하여 곤위坤位가 비어 있었다.

인종 태실

왕이 후궁 박씨를 총애하여 또 아들을 낳았는데 만약 승급시켜 정비正妃에 책봉한다 해도 원자를 삼기 어려운 처지였다.

그리고 당시 재이災異가 연이어 일어남에 조정에서 구언求言의 교서敎書를 내렸는데 공께서 담양부사 박상潭陽府使 朴祥 순창군수 김정淳昌郡守 金淨과 함께 순창 강천사淳昌 剛泉寺에 회동會同하

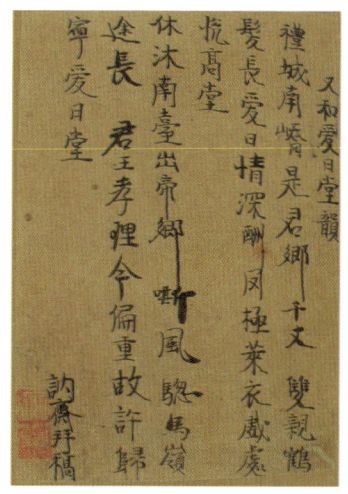

눌재 박상의 글씨

여 신씨의 복위를 청하는 상소를 지어 훈신들이 임금을 겁제怯制하여 국모를 폐출한 죄를 극론極論하였는데 말이 심히 절직切直하였다.

때는 1515년(중종 10년) 7월로써 후세에 이곳을 일러 삼인대三印臺라 전해온다. 상소가 작성된 후 충암冲庵과 눌재訥齋가 공에게 말하기를

"이 상소가 올라가면 생사를 가히 예측하기 어려운 바, 우리 모두가 노친이 계시는데 우리는 형제가 있으나 그대는 형제가 없어 봉양하지 못하리라. 만약 죽게 되면 효도를 상傷하게 된다."

하고 소중疏中에서 공의 이름을 빼버렸다.

상소를 올린지 얼마 안 되어 과연 충암과 눌재는 유배되어 죽고 공만은 상신 정광필相臣 鄭光弼이 힘써 구함으로써 면하였다. 1517년(중종 12년) 9월 함경북도 평사(이조때 정6품 외직. 평안도 1명, 함경도 1명씩 둠.)로 재직중 군포징납軍布徵納등 오조五條의 폐단을 계진啓陣하고 이듬해 정월 내직으로 들어와 사헌부장령에 제수되었다. 2월에 조강朝講에 입시하여 민전民田의 한계와 노비의 수를 정할 것을 논하고 3월에 함경도에서 호포戶布를 횡렴橫斂한 사건을

계진하고 4월에 부령부사富寧府使로 나갔는데, 조정의 공론이 문신을 외지에 보냄은 불가하다 하여 곧바로 내직으로 들어와 의정부 사인(국왕 또는 동궁에 받든 근시직)에 제수되었다.

그러나 간신 남곤의 미움을 받아 7월에 고령첨사高靈僉使에 제수되고 금방 함경도 우후虞侯에 옮겼더니 또 바로 종성 부사(조선시대 지방장관)에 제수되었다.

공께서 즉시 독자獨子로서 늙은 모친을 멀리 두고 있는 정상을 아뢰고 사임을 간청했으나 받아들여지지 않았다. 이곳에 부임하여 형벌刑罰을 간소히 하고 정사를 청렴하게 다스리니 백성들이 입을 모아 칭송하였다. 부임한지 9개월 만에 관아에서 돌아가시니 때는 1519년(중종 14년) 3월 23일로써 겨우 33세였다.

참참 윤자임參䞐 尹自任이 왕께 아뢰기를 "이제 들으니 류옥이 죽었는데 집이 가난하여 장례를 치르지 못한다 하니 참으로 슬픈 일입니다.

류옥은 사람됨이 공사公事에 힘써 사사私事를 돌보지 않았습니다. 치부의 예가 비록 법전法典이 있으나 그러나 시종지신侍從之臣이 죽었으니 마땅히 부전을 별도로 베풀어야 하옵니다.

청하옵건대 예외例外의 은전恩典을 베풀고 애도哀悼의 뜻을 표해야 할 것입니다" 하였다.

왕께서 대답하시기를 "대간臺諫과 시종으로 죽은 이가 하나 둘이 아니니 매양 특별한 부의賻儀는 어려운 일이다.

그러나 류옥은 나라를 위하여 가사를 잊었으므로 마침내 가난하여 능치 치상治喪을 못한다 하니 참으로 슬픈 일이다"하시고 본도 관찰사에게 하교로써 치부致賻를 명하였다.

동년 4월에 고향인 창평으로 반장返葬 지금 담양군 대덕면 비차리 원효동 내록 자좌潭陽郡 大德面 飛?里 元曉洞 內麓 子坐에 모시었다.

사신이 전에 이르기를 "류옥柳沃은 재주가 문무文武를 겸하고 또한 일을 처리하는 능력이 있어 사람들이 기특한 사나이라 일컬었다.

국가에 선 혹 변진邊鎭에 임용하고 혹은 시종과 대간에 임용하였는데 당시에 모두 그 기개氣槪를 아름다이 칭송하였다. 종성부사鐘城府使로 나가 불행히 병사病死하니 때에 나이 33세였다."고 하였다.

배위 도강김씨道康金氏(강진)는 생원 희윤生員 希尹의 따님으로 2남 1년를 두어 아들 강수强首는 사직(조선시대 5위에 소속된 정 五品의 무관직)이요, 강항强項은 처사處士이며, 사위는 참판 파평윤담 參判 坡平尹倓이다.

공의 유집遺集과 실적實蹟이 난리에 모두 없어 졌는데 현손玄孫 야망당 동숙野望堂 東淑이 1657년(효종 8년)에 제현諸賢의 문집文集에서 유문遺文을 수습하여 겨우 1권을 만들어 집에 소장하였다.

1744년(영조 20년)에 삼현三賢이 봉소封疎한 곳에 삼인대비三印臺碑를 세웠는데 도암 이재陶庵 李縡가 비명을 지어 이르기를 "삼

화산서원

선생三先生의 풍절風節은 름름하여 죽지 않았도다"하고, 또 "선생의 의논이 비록 일시에 굴축屈縮되었으나 백세 후에 마침내 퍼졌도다" 하였다.

    1788년(정조 12년)에 순창 화산서원華山書院에 추배되었으며 1799년(정조 23년)에 왕께서 박눌재朴訥齋의 치제문致祭文을 지었는데 그 일절에 "삼인의 그 누대樓臺는 만고에 이지러지지 않으리라" 하시었다.

    1805년(순조 5년) 10월에 왕은 "고 전한(典翰: 홍문관의 종 3품 관직) 류옥柳沃의 증시贈諡를 이조의 회계에 쫓아 대신들이 의논하라"하시고 바로 이조참의吏曹參議의 증직을 내렸다.

    1859년(철종 10년) 10월에 영의정 정원용領議政 鄭元容의 계주啓奏로 이조참판吏曹參判의 증직되고, 1863년(철종 14년)에 이조판서(조선시대의 이조의 장관으로 정2품)겸 홍문관 예문관 *대제학(大提學: 홍문관, 예문관의 정 2품 관직)에 가증加增됨과 동시에 정간공靖簡公의 시호가 내렸다.

공의 시장諡狀狀은 영어 김병국穎漁 金炳國이, 행장行狀은 현강 류승玄岡 柳乘이, 묘갈명墓碣銘은 금곡 송내희宋來熙가, 신도비명神道碑銘은 수종재 송달수守宗齋 宋達洙가 각기 지었으며, 공의 문집인 석헌집石軒集 서문序文은 노사 기정진蘆沙 奇正鎭이 지었다.

정간공靖簡公 석헌石軒의 생애

할아버지의 탄생誕生과 태지胎地

할아버지의 휘諱는 옥沃이요 자字는 개언이며, 호號는 석헌石軒이요 시호는 정간공靖簡公이시니 성종 정미(成宗 丁未:1487)에 창평현昌平縣 유곡(維谷: 얼그실, 옥산촌玉山村)에서 출생하시었다.

선고(先考: 돌아가신 아버지)이신 순창·화순(淳昌·和順)의 유생 훈도공 증 이조판서 휘 문표 할아버지께서 연로하시도록 아들이 없어 영암靈巖 월출산月出山 머나먼 곳까지 일 년여 동안 왕래하시면서 기도드린 공덕의 보람인지 할아버지를 낳으셨다고 한다.

할아버지께서는 어려서부터 보통사람들과는 달라 사·오세(四·五歲)에 능히 문자를 읽고 기록할 줄 알았으며 문장에 능통하시고 세상 사람들이 모두 신동이라고 칭송하였다고 한다.

그 후 22대를 연면하여 살아온 현 종택宗宅은 석헌石軒선생의 할아버지이신 생원生員 인흡仁洽할아버지께서 사육신死六臣이신 충경공 忠景公 휘 성원誠源 할아버지와 제종간 사이여서 당시의 육신화六臣 禍(서기 1456년도)를 면하기 위하여 서울에서 호남의 순창 깊은 산중으로 피화避禍하시게 되었고 그 후 아버지이신 휘 문표文豹 증 이조판서 훈 도공 할아버지께서 창평의 성주현씨 사간댁으로 장가드신 것이 연유緣由되어 유곡維谷 얼그실로 이사 오시게 되었으며 그 후 줄곧 세거지지世居之地로 정착하시여 오늘에 이르시니, 현 종택인 와송당은 당호이기도 하며 그 몸체가 석헌 선생 태생지이시다.

송강 정철의 시비

이 와송당臥松當은 석헌 선생의 손녀서이신 문청공文淸公 송강 정철(松江 鄭澈)의 처가댁이기도 한데 1647년(인조대왕때)에 와성당 몸체를 새롭게 다듬고 고칠 때 당시 외손인 기암 정홍명이(송강 정철의 아드님) 중수 상량문(重修 上樑文)을 지었고 그 제목에는 유곡외가 구업 중수 상량문(維谷外家 舊業 重修 上樑文)이라고 쓰여져 있다.

이 와송당의 유구悠久한 역사는 경향각처京鄕各處에 명성이 자자하였으니 옛날엔 울창한 거송이 누워 있어 그 그늘아래 수많은 사람들이 쉴 수 있도록 그늘이 땅에 가득하였다하며 하서 김인후金麟厚 선생께서 와송당에 오시어 처사이신 강항强項 할아버지(석헌 할아버지의 작은 아드님)와 함께 유람하시면서 읊은 시詩에

   오래우역래 吾來雨亦來 협신여유의 峽神如有意
   성훤송외계 聲喧松外溪 녹영이만지 綠影已滿地
   갱호수지매 更好數枝梅 표향입객비 飄香入客鼻

라고 하였으니 이를 풀이하여 보면

 내가 옴에 비도 또 따라와 옥산玉山의 신령 뜻이 있는 듯 하네.
 소나무 밖에 시냇물 소리 시끄럽고 와송臥松의 푸른빛 땅에 가득하도다.
 두어가지의 매화꽃 향기가 그윽하여 손님의 코를 찌르는구려!

라는 시구가 전해 오니 그때에도 와송의 푸르름이 땅에 가득하여 누워있는 듯한 그 자태가 매우 훌륭하고 울창하였음을 짐작하고 남음이 있게 된다.

 크고 수령이 오래된 누워있는 듯한 소나무 이 와송이 불행하게도 己未(기미 1919)년에 스스로 말라 죽었으니 소나무는 수령이 오백년 이상을 지탱하기가 어렵다는 식물학자들의 평론이 있다.

 또한 와송에 감탄하여 진사進士 아제공啞齊公 할아버지께서 지

으신 시가 있으니 그 내용을 소개하면 아래와 같다.

   일지횡앙일횡임 一枝橫仰一橫臨
   상하교반복옥삼 上下交盤覆屋森
   하일납양청서폐 夏日納凉淸暑肺
   월소산영담유금 月宵散影澹幽襟
   사혐차세난용직 似嫌此世難容直
   위굴기신호작음 爲屈其身好作陰
   유유세한고절재 猶有歲寒孤節在
   주인시무구침음 主人時撫久沉吟

  한가지 위로 솟고 한가지는 가로누어
  상하로 어우러져 온 집안 엎었도다.
  여름에는 서늘함이 허파에 드리우고
  달밤에 그림자 옷소매에 흩어지네.
  이 세상의 정직함을 용납하기 어려운 듯
  그 몸을 굽혀 좋은 그늘 지었어라.
  차가운 겨울에도 굳은 절개 지켜오니
  주인이 때때로 어루만지며 읊음에 잠긴다오.

라 하였으니 누워있는 소나무를 글로서 그렇게 잘 그려놓을 수가 있겠는가.

   광한전부廣寒殿賦 구세작九歲作

> 이 밤은 무슨 밤인가 하늘이 유난히 맑도다.
> 달빛은 바다와 같고 학등은 얼음처럼 맑도다.

무진戊辰년 가을 팔월 기망에 선생이 홍문관 옥당에 잘 적에 창공은 맑고 밝은 달은 뜰에 가득한데 은하는 하염없이 펼쳐있고 찬 이슬은 방울방울 맺혔는데 하늘은 아득하여 더욱 높고 기러기는 슬피 울어 남쪽으로 날아가는구나.

밤이 지새도록 잠을 이루지 못하고 홀로 서창에 기대는데 조금 뒤에 사방이 고요하고 바람이 차고 쓸쓸하여 천지에 메아리치는 소리가 들리니 단풍든 숲은 크나큰 아름다움을 상할까 두려워하고 대지가 음침함에 놀래니 그 소리 조조ㄱㄱ하고 조조凋凋하며 서로 울린 소리 낭낭埌埌하고 장장하여 금석金石의 악기를 아울러 연주한 듯 하도다.

(바람소리를 묘사한 간드러진 표현)

처처凄凄히 잃은 듯 하고 양양揚揚히 얻은 듯 하며 소소蕭蕭히 하소연 한 듯 하고 절절切切히 격동한 듯 하니 선생이 이르기를 아슬프다.

이는 구양자毆陽子의 이른바 추성秋聲이로다.

어디서부터 왔으며 어디서 떨쳐 왔을까 대개 듣건대 천하 만물이 불평不平한즉 울리는 것인데 가을이 소리로서 울린 것은 무슨 불평이 있음일까. 여름이란 것은 오행에 화火요 가을이란 것은 오행에 금金이라 가을로서 여름을 이음에 금은 왕성하고 화는 소시 약한지라.

장차 왕성한 것은 뜻을 얻음에 다행히 여기고 쇠약한 것은 때를 잃음에 성냄이 아닌가.

여름에는 만물이 나고 가을에는 만물이 시드나니 생한 것은 꽃이 피고시든 것은 열매를 맺음이라.

장차 꽃이 핀 것은 열매 맺음을 격려함이요 열매 맺은 것은 시들어 짐을 하소연함이 아닌가.

한번 나고 한번 시들어 짐은 사계절에 의하여 정한 바이고 꽃피고 열매를 맺은 것은 만물이 이룬 바라.

왕성한 것은 사사로움이 아니요.

쇠약한 것은 억지로 강요함이 아니다.

쇠하고 왕성함과 꽃이 피고 열매 맺음이 서로 그 근본이 있으니 살殺한 자는 무엇을 원망하며 생生한 자는 무엇을 은혜로이 여기랴. 진실로 천도天道는 자연에 순응하고 기기氣機는 무문無門에 떨치나니 멋대로 끊임없이 만번을 불러도 그치지 아니하는구나. 알지 못하겠도다.

성낸 사람은 그 누구란 말인가.

슬프다! 천시天時에도 가을이 있으니 사람도 또한 가을이 있다.

무성함이 변하여 말라 버린 것은 천시의 가을이요.

강장强壯이 변하여 늙은 것은 사람의 가을이다.

천시의 가을은 소리로써 부딪히고 사람의 가을은 근심으로써 부딪히나니 저 가을 기운이 한번 부딪힘에 사람이 만물과 더불어 모두 한가지다.

그 적은 것으로부터 보건데 사람이 만물과 더불어 천지 사이에 공생함에 만물도 종말이 있고 나 또한 끝이 있으며 그 큰 것으로부터 볼진데 천지도 나와 더불어 지극한 도道 가운데 얽매였도다.

천지가 무궁함에 나 또한 무궁하니 어찌하여 천지를 부러워하고 만물이 가을 소리에 함께 울림을 슬퍼하랴.

하물며 나에게 빌려준 것은 삶이요.

나를 괴롭힌 것은 형形이요.

나를 편안하게 하는 것은 늙음이요.

나를 쉬게 하는 것은 죽음이라.

오직 성인의 위대하고 통달通達함이라야 천지를 한손에 쥐어 거의 안배安排하고 조화에 따라 항상 지극한 이치로서 대하여 무아지경에 소요逍遙하며 태초에 돌아가 휴식하리라

아! 유쾌히 노닐며 우유優游하고 자적하니 너와 내가 무엇이 다르랴.

충신의 아버지 유문표와 간아지

실존實存 간아지干阿支 할머니의 구전口傳과 전설傳說

간아지 할머님은 훈도공(석헌의 부친) 문표의 관첩이시다.

간아지 할머님은 청빈한 선비의 딸로 태어나시어 아버님의 친구

가 선비이셨는데 아버님의 친구분 소개로 훈도공 할아버지와 숙의하게 되어 결국 훈도공 할아버지의 시중을 들도록 주선이 되었다.

이것이 훈도공 할아버지와 간아지 할머니의 천생연분 인연이었다.

간아지 할머님은 어려서부터 언행이 조금도 흐트러짐이 없이 가지런하시고 누구에게나 부드러운 상대가 되시어 베푸시는 인정미는 매양 온화하기 그지 없으셨다.

생각하심은 능난한 재치로 낮을 곳, 설 곳을 분명히 가리시고 옳고, 그름의 분별하심이 탁월하시어 예사로운 사람이 무슨 말이고 부추길까 생각하였다가 말을 붙이지 못하였다고 한다.

훈도공 할아버지께서는 삼십이 훨씬 넘도록 슬하에 손이 없으시어 현씨 할머니와 함께 무척이나 손을 기다리는 애타는 심정이셨다.

현씨 할머니께서는 영암의 명산 월출산에까지 나 다니시면서 그렇게도 먼 길을 마다 않으시고 감내하시며 정성어린 기원으로 훈도공 할아버지의 삼십 팔세에 석헌 할아버지를 얻으셨다.

이와 같이 훈도공 할아버지께서는 손이 귀하다는 것도 한낱 구실이겠지만 간아지 할머님의 손색없는 부덕과 출중하신 내조에 힘입어 관가의 미덕을 함께 누리시게 되어 급기야는 간아지 할머님의 관첩으로 모시게 되었다.

당시 훈도공 벼슬은 군 단위의 유생儒生들을 가르치는 교육기관의 장이어서 지금의 교육장 격인 벼슬이다.

따라서 군 단위의 기관장으로서는 관첩을 거느릴 수 있는 직위이므로 결코 수치스러운 일은 아니었다.

훈도공 할아버지께서는 순창, 화순, 두 고을의 유생 훈도를 역임하시었는데 순창에서 간아지 할머님을 모시게 되었다.

관가를 들어다니는 유생들의 눈길은 유다른 점이 있었다.

간아지 할머님의 언제고 밝은 표정은 가풍家風의 온화함을 배울 수 있었고 정결한 가정생활은 여성의 근면성을 배울 수 있었으며 무엇인가 애로의 도움이 있을 때는 해결사 역이서서 따뜻한 인정미를 배울 수가 있었다고 한다.

따라서 간아지 할머님의 부덕귀감婦德龜鑑에 옹기종기 유생들의 모임에서는 간아지 할머님의 격찬이요, 은연중 유생들에게 배어드는 정감은 스스로 존경심을 자아내게 하였다.

그 후 세월은 흘러 훈도공 할아버지께서는 관직을 그만 두시고 세상을 여의시니 간아지 할머님은 캄캄한 외로운 세상을 맞게 되시었다.

간아지 할머님은 손이 없으시어 석헌 할아버지 어린 시절을 맡아 양육 하셨다고 한다.

석헌 할아버지가 그렇게 어린 시절 신동이라 일컬을 정도로 영민하셨다 하니 배후에서 간아지 할머님의 보살핌도 컸으리라 생각된다.

간아지 할머님의 어지신 성품에 아직 나이 젊으시고 훌륭한 미모를 갖추심에 간아지 할머님의 친가에서는 뭇 남정네들의 청혼이 빗발쳤으나 이를 완강히 뿌리치시고 끝내는 삭발을 단행하시며 얼굴에 화장을 아니 하시고 수절을 하셨다고 한다.

가문을 더럽히지 않고 일신의 명예를 수치스럽지 않기 위해서 아직 젊은 나이에 자기 자신을 억누르고 희생시켜 가면서 가시밭길을 꿋꿋이 수절하신 간아지 할머님의 장하신 지조를 높이 평하여 우리 후손 모두는 정신적 지주로 삼아야 할 것이다.

간아지 할머님이 돌아가시고 몇 해가 지나 간아지 할머님의 그토록 역력한 생존시의 생활상 이모저모와 모범된 부덕도 점차 희미하게 잊혀져 가는 서기 1512년 4월에 이조 제 11대 왕이신 중종 임금의 칙명이 있으셨다.

"국가 장래를 걱정하고 자신을 희생하며 사회와 국가를 위하여 몸 바친 충신 그리고 부모에 효도하고 가문을 위하여 만인의 귀감이 되는 효자와 열부烈婦들을 샅샅이 찾아 기록에 남김은 물론 비문을 새겨 천추에 길이 빛나도록 하라"고 예조禮曹에 명하였다

그리하여 당시 전라도 관찰사 남곤南袞은 명을 받들어 전라도 일원에 걸쳐 묻힌 인물을 물색하던 중 진실로 진흙땅에 묻혀있던 보석을 찾아낸 것과 같이 순창골의 유생들이 한결같이 천거한 사람은 훈도공 할아버지와 동거한 간아지 할머니의 훌륭하신 생애이었다.

남곤 묘비

마침내 간아지 할머님의 사적事蹟이 예조에 천거되어 서기 1514년에 나라에서 간

아지 할머님의 훌륭하신 사적을 기리기 위하여 순창골에 맑은 물이 흐르고 멋이 넘치는 냇가의 큰 교량이 있는 언저리에 간아지 할머님의 비석을 세웠다.

그 비석에는 간아지 할머님에 대한 글이 새겨지고 비석을 보호하기 위하여 정려旌閭를 아담하게 건립하니 오고 가는 뭇 사람 들에게 옷 깃을 여미게 하였다.

세월이 흘러 여름철 순창골에는 무참히도 큰 비가 내렸다.

그 큰 비로 제방이 무너지고 교량을 덮쳤으며 많은 집들이 떠내려가는 바람에 간아지 할머님의 비석을 보호하던 정려도 떠내려 가 버렸으며, 비석도 땅 속 어디 론가에 묻혀 버리고 말았다.

안타까운 일이었지만 속수무책이었다

또다시 세월은 흘러 얼마 뒤 순창골에서는 지금의 천변 직강공사며 도로를 확장하는 공사가 대대적으로 전개 되었다.

여기에 동원된 인력도 많아 불룩한 곳을 헐어서 깊숙한 곳을 메꾸기도 하고 구부러진 곳을 바로 펴서 곧은길을 내기도 하는 공사판 자리에서 깊숙이 묻혀있는 간아지 할머님의 비석이 발견되었다.

비석의 임자는 "순창 관내 남계에 살고 있는 훈도공 자손인 류씨 문중에서 모셔야한다"고 이구동성으로 입이 모아졌다.

그리하여 그 비석이 남계에 살고 있는 씨족들에 의해 옮겨져 문화 류씨 종친들이 건립한 사성제(思誠齊: 문화 류씨 종친들이 모여 회의하는 집) 건물 앞뜰에 큰 관심 없이 방치한 상태였다.

곧바로 비석을 모시는 후속 대책이 문중에서 마땅히 이루어 졌어야 할 텐데 미쳐 그 대책이 이루어지기전 꿈에 나타난 선몽은 생생하였다.

남계에 살고 계셨던 당시 자손인 류정현 어른의 선몽에서 나타났던 이야기를 들어보면 "밤이면 어엿한 여성이 나타나 소복 담장을 하고 춤을 덩실 덩실 추었다"고 한다.

이것이 한 차례도 아니고 삼일 밤 세 차례에 걸쳐 선몽이 있었지만 이상 하다고만 여겼을 뿐 깊이 새기지를 못하고 넘겨 버리던 차뜻 밖에 사성제 건물이 불이 나고야 말았다.

원인 불명의 화재를 당하고 난 뒤에야 꿈 이야기를 해몽한 바 "간아지 할머님의 애절한 원한에서 기인된 것이 아니냐" 하면서 자손으로서 도리를 다하지 못한 처사로 여기며 잘못을 크게 뉘우쳤다고 한다.

그리하여 급기야는 종친들의 힘이 모아져 그 비석을 훈도공 할아버지의 묘지 앞에 간아지 할머님의 묘를 설단하고 그 앞에 정중히 비석을 세워 간아지 할머님의 영혼을 위로해 드렸다.

또한 현재 군청 앞 뜰에도 간아지 할머님의 비석이 세워져 있다.

전라남도 나주 지명의 유래

장화왕후 오씨莊和王后 吳氏

조부는 부돈富頓, 부는 다련多憐이며 조상 대대로 나주 목포(나주시 송월동)에서 살았고 다련군이 사간 연위의 딸 덕교德交를 아내로 맞아들여 장화왕후를 낳았다.

장화왕후 오씨 유적비

왕후가 일작 목포바다에서 용이 나와 자기 뱃속으로 들어가는 꿈을 꾸고 그 꿈 이야기를 부모에게 말하니 부모가 큰 길몽이라 하며 남에게 소문을 퍼뜨리지 말라고 하였는데 그 후 얼마 안 되어 고려 태조가 궁예의 수군장군으로 나주에 출진하여 목포에 주둔해 있던 어느 날 홍룡동에서 목포로 흘러내리는 시내 상류에 오색구름이 서려 있는 것을 바라보고 찾아가니 지금의 완사천에서 미모의 여인 오씨가 베를 빨고 있었다.

태조가 말을 붙이기 위해서 물 한 그릇을 청하였더니 오씨가 태조의 숨결이 거침을 보고 급하게 마시면 체하기 쉽다면서 우물가 수양버들잎을 겸비한 것을 탐내서 그날 밤 오씨와 동침하는데 시골 미천한 처녀의 몸에서 자녀를 낳지 않기 위해서 돗자리위에 사정을 하였으나 오씨가 입으로 빨아먹고 임신하여 아들을 낳으니 이분이 바로 태조의 큰 아들 혜종이다.

이렇게 해서 얼굴에는 돗자리 무늬가 있어 세상 사람들이 주름살 있는 임금이라는 별명을 지어 부르기도 하였다. 혜종임금은 잘 때에는 항상 이부자리에 물을 젖게 하고 앉아 있을 때에는 큰 병에 물을 담아 놓고 큰 수건으로 끊임없이 몸을 씻게 하니 참으로 용의 정기를 타고 난 사람이라 하였다. 혜종의 나이 일곱 살이 되던 918년(고려 태조 원년)에 왕위의 대통을 이을 수 있는 훌륭한 인격을 갖추고 있음을 태조가 알고 태자로 결정하고자 하나 그 어머니의 신분이 낮음을 이유로 태자 책봉을 반대하는 세력이 있을 것을 걱정해서 헌상자에 자 황포黃袍를 담아 장화왕후의 처소로 남몰래 보냈다.

이것을 받은 왕후는 고려 건국에 중요 역할을 담당하였던 대광大匡(정이품)박술희를 불러서 술희가 태조의 뜻을 재빠르게 알아차리고 꾸준히 여론을 조성하고 또 태조께 간청해서 921년(태조 4) 12월에 드디어 태자서 책봉하기에 이르렀으며 사후에 시호를 장화왕후라 하였다.

박술희장군 지단

전라남도 목포 지명의 유래

국도(국도)의 시발지

일찍이 삼한시대에는 마한에 속하였고 삼국시대에는 백제의 물아혜勿阿兮군이었다.

통일신라시대에는 무안군으로, 고려시대에는 물량군勿良郡, 또는 무안군으로 불리웠다.

이러한 이름들은 지금의 목포시만 가리키는 것이 아니라 무안군과 함께 더불어 불렀으며, 오랜 세월동안 이 고장의 행정구역은 여러번 바뀌었고 조선조에 이르러 나주목의 속현으로 이어왔다.

「목포」라는 이름은 〈고려사〉라는 역사책에서 처음 나오는데, 땅 이름의 유래는 정확하지 않다.

나무가 많은 포구라 하여 목포木浦라고 불렀다고 하고, 목화가 많이 난다하여 그렇게 불렀다는 설도 있으나, 서해로부터 육지로 들어가는 길목이라 하여 목포(항포項浦)라고 불렀다고 하는 주장이 가장 유력하게 거론되고 있다.

조선 1439년(세종 2)에는 「목포만호」가 설치되었으며, 임진란 때에는 목포 고하도에 이순신장군이 친히 수군진을 설치하여 108일 동안 머물렀으며, 1897년 10월 1일 목포항이 개항되었다. 그 후 1910년 일제가 국권을 빼앗던 해의 10월 1일 「목포부」로 고쳐 부르게 되었다.

1932년에는 무안군 일부지역을 더하여 8.6k㎡의 도시면적에 인구 6만인 전국 6대 도시의 하나로 성장하여 일흑一黑(김), 삼백三白(면화, 쌀, 누에고치)의 집산지로 널리 알려지게 되었다.

1949년 8월 15일「목포부」를「목포시」로 고쳐 부르게 된 후, 오늘에 이르기까지 목포우리나라 서남해안 거점도시로 꾸준한 성장을 거듭해 나가고 있다.

목포의 눈물

노래와 이난영(1917~1969)

이난영

이난영(본명 옥례)은 1916년 여름, 목포 앞바다가 내려다보이는 양동의 초가집에서 태어났다.

아버지의 술주정과 가난에 시달리다 못한 어머니가 제주도로 가정부살이를 떠나버린 것은 그녀 나이 10살 무렵, 그때부터 오빠가 다니는 솜공장(조선 면화 공장)의 일도 거들었다. 그러다가 북교초등학교 4학년 때에 어머니가 계신 제주도로 가게 되어 학교도 중퇴했다.

엄마와 함께 제주도의 생활이 시작되고 극장을 경영하는 주인집의 아이를 돌보면서 흥얼거리는 노랫소리를 높이 평가하게 된 집주인이 그녀를 소위 막간가수(영화나 연극이 시작되기 전 나와 노래하는 가수)로 활동하게 하였다.

이것이 계기가 되어 삼천리 가극단장의 권유로 특별단원으로 채용된 것이 1932년 열여섯 살 되던 해였다.

극단단원으로 일본 공연을 갔었으나 흥행에는 실패했다. 우연히 OK레코드 이철사장의 눈에 띄어 작곡가 손목인에게 소개되어 목포 출신 문일석 작사인[목포의 눈물]을 부르게 된 것이 드디어 노래의 여왕 이난영이 탄생하는 계기가 되었다. 목포의 눈물은 이난영 특유의 목소리와 우리의 한이 서린 가사로 지금도 널리 애창되고 있다.

그녀는 4남3녀의 자녀를 두었는데 모두 미국에서 가수로 활발하게 활동하고 있다.

우리 목포의 어디를 가도 쉽게 들을 수 있는 '목포의 눈물'은 이제 온 국민이 애창한다.

목포의 눈물 노래비

전라남도 장성 지명의 유래

흰바위 봉우리

백암산

　백암산은 장성군 북하면 약수리와 전라북도 순창군 복흥면에 걸쳐 위치해 있다.

　노령산맥이 남서쪽으로 뻗다가 호남평야에서 솟아오른 높이 741m의 산으로 내장산 국립공원에 속한다.

　옛 부터 봄이면 백양, 가을이면 내장이라 했듯이 산 하면 내장, 고적하면 백암이라 할 정도로 백암산의 절경은 내장산에 뒤지지 않는다.

　백학봉과 상왕봉, 사자봉 등의 기암괴석이 곳곳에 있으며, 산세가 험준한 편이다.

　특히 비자나무 숲과 회색 줄무늬 다람쥐가 유명한 이곳에는 대한불교 조계종고불총림으로 대사찰 백양사도 있다. 백양사라는 이름은 선사가 설법을 할 때 흰 양이 듣고 깨우침을 얻었다는 전설에서 유래되었다고 한다.

백양사 전경

고불총림 백양사

내장산 국립공원 안에 있는 절로, 백제 무왕(632년)때 창건했다고 전한다.

거대한 바위를 배경으로 좌우에 맑고 찬 계곡물이 흘러내려 경치가 매우 빼어나고 가을단풍을 비롯하여 일 년 내내 변화 있는 아름다운 경치를 보여준다.

국보급의 문화재는 없지만, 극락보전, 사천왕문 등의 건물과 소요

대사 부도가 지방유형문화재로 지정돼 있다.

입구에는 수십 개의 부도와 비가 세워져 있다.

절경내와 맞은편에는 난대성의 늘푸른나무인 비자나무 수천그루가 군락을 이뤄, 천원기념물 제153호로 지정되어 있으며, 주차장에서 절로 오르는 0.5km 구간에는 수백년 된 아름드리 갈참나무 거목들과 비자림이 우거져 삼림욕하기에 더 없이 좋다.

백양사

백양사白羊寺

전라남도 장성군 북하면 약수리 백암산白巖山에 있는 사찰이다. 대한불교조계종 제18교구 본사이다.

632년(무왕 33) 여환如幻이 창건하여 백암산백양사라고 하였으며, 1034년(덕종 3) 중연中延이 중창하면서 정토사淨土寺라 개칭하였고, 1350년(충정왕 2) 각진국사覺眞國師가 3창하였다.

다시 백양사로 개액改額한 것은 1574년(선조 7) 환양喚羊이 중건하면서부터이다. 환양이 백양사에 주석하면서 매일 <법화경>을 독송하니 백양이 경을 읽는 소리를 듣고 몰려오는 일이 많아 절 이름을 백양사라 개칭하고 승려의 법명도 환양이라 하였다.

그 뒤 1786년(정조 10) 환성喚惺이 중건하였고 1864년(고종 1) 도암道巖이 중건하였으며, 1917년 송만암宋曼庵이 중건하여 오늘에 이르고 있다.

만암은 45세 때부터 백양사 주지직을 맡아 30년 가까이 주석하면서 불사佛事에 진력하는 한편, 강원講院을 개설하고 중앙불교전문학교장을 겸임하면서 많은 인재를 길러냈다.

백양사는 31본산시대의 본산이었으며, 현재 부속 말사 26개소를 관장하고 있다. 현존하는 당우로는 대웅전大雄殿을 비롯하여 극락보전極樂寶殿·명부전冥府殿·칠성각七星閣·진영각眞影閣·천왕문天王·선실禪室·요사채와 범종·법고·목어·운판 등의 사물四物을 소장하고 있는 범종각梵鐘閣이 있다.

이 가운데 전라남도 유형문화재 제43호인 대웅전은 1917년 송만암이 백양사를 중건할 때 건립한 것으로 내부에는 석가여래삼존불과 1979년 보각행普覺行이 조성하여 새로 모신 10척 높이의 불상, 그 왼편에 용두관음탱화가 봉안되어 있다.

또한 대웅전 내 오른쪽으로 바늘귀를 꿰는 모습, 등을 긁는 모습 등 해학적인 모습을 한 나한상 23체가 봉안되어 있다. 전라남도 유형문화재 제32호인 극락보전은 400여 년 전에 지은 것으로서 백양사

건물 중에서 가장 오래된 건물로 조선 선조 때 환양이 세웠다고 전하며, 건평 50㎡에 세워진 정면 3칸의 맞배지붕 건물이다.

1973년 단청하였으며 1976년 보수하였다. 명부전은 1896년에 건립된 것으로 정면 5칸, 측면 3칸의 맞배지붕이며, 각 주두柱頭마다 공포가 장식되어 있다.

전내에는 흙으로 조성한 시왕十王과 흑에다 금을 도금한 지장보살상地藏菩薩像이 봉안되어 있다.

전라남도 유형문화재 제44호인 사천왕문四天王門은 백양사의 정문으로 1917년 건립되었으며, 현재 문의 오른쪽에는 지국천왕持國天王과 증장천왕增長天王, 왼쪽에는 광목천왕廣目天王과 다문천왕多聞天王이 봉안되어 있다.

휴정

이 밖에도 대웅전 뒤편의 팔정도八正道를 상징한 팔층탑八層塔에는 석가모니의 진신사리眞身舍利利 3과가 안치되어 있으며, 부도전에는 백양사에서 배출, 주석하였던 휴정休靜·유정惟政·모운慕雲·태능太能·범해梵海 등 18승려의 사리와 유골을 모신 석종石鐘 모양의 탑과 비碑)가 있다.

이 중 소요대사부도(逍遙大師浮屠)는 백

유정

양사 재흥에 힘쓴 태능의 유업을 기념하기 위하여 건립한 탑으로, 그 둘레에는 용이 구름을 감고 하늘로 올라가는 듯한 조각이 되어 있고, 좌대에는 연잎들이 조각되어 있다.

이 부도는 석종형으로서 상대上帶·유곽乳廓·하대下帶 등에 양각으로 섬세하게 조각되었으며, 기단은 복련覆蓮蓮으로 덮은 위에 2단의 몰딩을 두어 종신鐘身을 올려놓은 모습이다. 이 부도는 1974년 12월에 전라남도 유형문화재 제56호로 지정되었다.

백양사의 산내암자로는 약사암藥師庵과 영천굴靈泉窟, 1351년에 창건한 청류암淸流流庵, 1981년에 지은 수도도량 물외암物外庵, 천진암天眞庵 등이 있다.

그러나 고려시대부터 있어 온 운문암雲門庵 등 많은 암자들이 6·25전쟁 때 불타버렸다. 이 중 운문암은 6·25전쟁 전까지만 해도 백양사 8개 암자 중 대표암자였으며, 백양사 뒤 계곡을 끼고 3.5km 위에 위치한다. 고려 때 각진이 창건했다는 운문암은 백양사 수도도량 중 전망이 가장 좋은 곳에 있으며, 조선시대의 신승 진묵震默의 일화가 전해 오고 있다.

진묵이 임진왜란 직전 이 암자에서 차를 달이는 소임을 맡고 있었는데, 어느 날 전체 대중이 차를 달이는 운문암 중을 조사祖師로 모시라는 현몽을 한 뒤 진묵을 조실祖室로 앉혔다.

어느 날 진묵은 "내가 올 때까지는 이 불상을 도금하지 말라."는 말을 남기고 자취를 감추었으므로 지금도 그 불상은 거뭇한 그늘색을 띤 채 진묵이 나타나기를 기다리고 있다. 또 백양사 오른쪽 계곡 상부에 있는 국제기國祭基는 천신께 제사를 올리던 곳으로서 호남일대에 재난이 있을 때에는 나라의 명을 받아 이곳에서 천제天祭를 올렸다.

그 유래는 조선시대 영조 때 호남지방에 대유행병大流流行病이 나돌아 호남 감사가 영조에게 상소를 올리자 영지를 택하여 크게 기도를 드리라고 하였으므로, 이곳 바위에다 '국제기'를 음각陰刻하여 새기고 제사를 지내게 되었다. 또 영천굴은 20평 남짓한 천연석굴로 단칸의 영천암이 있는 곳이다. 굴속의 바위틈에서 샘이 솟아나오는데 이를 영천이라 한다. 장마 때나 가뭄 때나 항상 일정한 물이 흐르는 이 샘에는 옛날 한 사람이 먹을 만큼의 쌀이 나왔는데, 하루는 어떤 손님이 와서 더 많이 나오라고 작대기로 쑤셨더니 그 뒤로는 쌀이 나오지 않게 되었다는 전설이 전해지고 있다.

또 백양 십이경의 하나인 일광정日光亭에서는 해마다 사월초파일에 불가佛家의 시련법식侍輦輦法食이 거행되며, 백양사 뒤의 학바위는 고려 때부터 조선 중종 때까지 천제를 지낸 곳이라 한다. 절 일대의 비자나무는 천연기념물 제153호로 지정되어 있고 약 3만 그루가 밀집하고 있어 춘백양(春白羊) 추내장(秋內藏)이란 칭호를 얻고 있다.

이 밖에도 백암산의 학봉·상왕봉·사자봉·가인봉 등의 절경과 설경 등이 어울려 백양사일대는 예로부터 조선팔경의 하나로 유명했던 곳이기도 하다.

[참고문헌] 문화유적총람文化遺蹟總覽(문화재관리국文化財管理局, 1976) 한국사찰전서韓國寺刹全書(권상로權相老, 동국대학교출판부東國大學校出版部, 1979)한국韓國의 名山大刹명산대찰(국제불교도협의회國際佛敎徒協議會, 1982) 名山古刹명산고찰 따라(이고운李孤雲박설산, 우진관광문화사宇進觀光文化社 1982)

전라남도 담양군 대전리 지명의 유래

명성 名聲에 저항 抵抗한 김구 金絿

광산光山 또는 광주김씨 시조 김흥광金興光은 신라 45대 신무왕 神武王 셋째 아들로 미구에 국란이 일어날 것을 미리 알고 광주 서일동西一洞에 은거해서 시적始籍되었다 한다. 그 후손에 평장사平章事가 8명이 배출되자 그 마을 이름이 평장동平章洞으로 바뀌고 9명의 중시조가 분파分派하여 인맥을 끌었다.

자암 김구 묘소

시조의 아들이 김식金軾(신라新羅때 각간角干), 식의 아들이 김길金佶(고려개국공신高麗開國功臣·사공司空), 길의 아들이 김순金順(좌복야左僕射), 순의 아들이 김책金策(평장사平章事), 책의 아들이 김정준金貞俊(평장사平章事), 정준의 아들이 김양감金良鑑(시중侍中), 양감의 아들이 김의원金義元(평장사平章事)과 김약온金若溫(시중랑명의문侍中郎名義文), 의원의 손자가 김광세金光世(중랑장中郎將), 광세의 아우가 김광존金光存(호위별장護衛別將)이다. 광산김씨는 이 김광세 맥과 김광존 맥으로 대별된다.

전라남도 영광 지명의 유래

불갑산

영광군 불갑면

영광군과 함평군의 2개 군에 걸쳐 있는 산세가 비교적 완만하며 (516m) 산맥의 맨 끝에서 서해를 바라보며 우뚝 솟아 있다. 이 산은 불갑사 남쪽의 불갑저수지와 서로 조화를 이루고 있다.

산기슭에는 천연기념물 제 112호인 참식나무가 자생하고 있고 매년 9월경 절정을 이루는 꽃무릇(상사화)은 한국 백경 중 하나이며, 전국 최고의 군락지를 자랑하고 있으며 등산로가 잘 정비되어 있는 산이다.

불갑사

영광군 불갑면 모악리

불갑산(516m)기슭에 자리 잡은 불갑사는 백제 침류왕(384년)때 마라난타 존자가 백제에 불교를 전래하면서 제일 처음 지은 불법도량이라는 점을 반영하여 절 이름을 부처불, 첫째갑, 불갑사라 하였다고 한다.

영광의 법성포라는 지명도 성인이 법을 가지고 들어온 포구였다고 해서 진량포라는 이름에서 바뀌었다 한다.

자연스러운 돌계단을 올라 처음 마주하게 되는 천왕문 안에는 신라 진흥왕 때 연기조사가 목각하고 고종 1년에 설두선사가 불갑사를 중수하면서 폐사된 전북 무장연기사에서 옮겨왔다고 전해지는 사천왕상이 모셔져 있다.

천왕문 우측에는 1층과 2층에 각각 종과 북이 걸린 육각누각이 있고 그 누각 옆에 참식나무 한 그루가 있다.

보물 제830호로 지정된 대웅전은 정면 3칸. 측면3칸의 팔작지붕 건물로 정면과 측면 모두 가운데 칸의 세 짝 문을 연화문과 국화문으로 장식했고 좌우칸에는 소슬 빗살무늬로 처리하여 분위기가 매우 화사하다.

절 안에는 만세루, 명부전, 일광당 그리고 요사채가 있고, 절 뒤에는 천연기념물 제112호로 지정된 참식나무 군락이 있다. 녹나무과에 속하는 상록활엽수로 10월이나 11월에 암꽃과 수꽃이 각각 딴 그루에서 피며 다음해 10월쯤에 열매가 붉게 익어 꽃과 열매를 함께 볼 수 있어 눈길을 끈다.

주변에는 내산서원, 해불암, 수도암 등이 있다.

대웅전은 겹처마인 팔작지붕으로 된 다포계 건물로 매우 화려한 양식을 자랑하고 있으며 3가지 특색있는 것은 관솔문·삼신불좌상·지붕위의 스투파다.

영광 굴비란?

굴비를 알기 위해서는 우선 조기를 알아야 한다.

왜냐하면 굴비는 조기를 소금에 절여서 말린 것이기 때문이다. 조기류는 모두 민어과에 속하며 한국 연안에서 잡히는 것은 5속屬 13종種에 달한다고 하지만 영광굴비는 신선한 참조기로만 가공한다.

영광굴비

이 참조기는 석수어石首魚, 즉 머릿속에 단단한 뼈가 있기 때문이 라고도 한다.

산란을 위해 동지나 해역에서부터 추자도와 흑산도 해역을 거쳐 서해안으로 회유를 하는 참조기가 3월(음력)중순 곡우 사리경 칠산 앞바다를 지날 때 가장 알이 충실하고 황금빛 윤기가 있어 이 때 잡은 참조기를 가공 건조한 것을 영광굴비라 한다.

영광굴비의 유래

고려 때부터 유래되어 온 것으로 동지나 해역에서 월동한 조기가 해빙기가 되면 산란하기 위하여 연평도까지 북상하는 도중 영광 법성포 근해인 칠산 앞바다에서 4월10일부터 30일 사이에 산란하기 때문에 알이 들어 맛이 좋고 대량으로 잡혀 이때의 조기가 영광굴비의 진맛을 나타냅니다.

영광굴비는 옛 부터 임금님의 수랏상에 으뜸으로 오르는 법성포 생산의 특산품이다.

굴비라는 이름으로 불리게 된 데에는 고려 16대 예종 때 이자겸이 그의 딸 순덕을 왕비로 들여 그 소생인 인종으로 하여금 왕위를 계승케 하였다.

그리고 인종에게도 3녀와 4녀를 시집보내 중복되는 인척관계를 맺고 권세를 독차지하고 은근히 왕이 되려는 야심을 품게 되었다.

그 뒤 최사전이 이자겸 일당인 척준경을 매수하여 체포한 후 영광 법성포로 유배시켰다.

그는 유배지에서 굴비를 먹게 되었고 마침내 칠산 바다에서 잡은 조기를 소금에 절여서 진상하고 결코 자기의 잘못을 용서받기 위한 아부가 아니고 뜻을 굴하지 않겠다는 의미로 굴비라 명명하였다.

그때부터 영광굴비는 임금님의 수랏상에 진상되고 궁궐에서부터 영광굴비가 명물로 등장하여 각광을 받게 되었다고 합니다.

굴비의 특징

고래로 "밥도둑님"이란 별명이 붙은 영광굴비가 유명해진 이유는 타지방의 것에 비해 유별나게 맛이 좋기 때문이고 그처럼 독특한 진미를 내는 비결로써, 첫째, 법성포 앞바다인 칠산 바다에서 잡히는 참조기는 알이 비대할 뿐만 아니라 지방이 풍부하고, 둘째, 법성포의 특수한 자연환경, 지리적 기상요인 (기온 10.5도, 습도 75.5%, 풍속 4.8m/sec)과 서해에서 불어오는 하늬바람(북서풍)의 영향으로 건조조건이 월등하고, 셋째, 옛 부터 전래되어온 1년 이상 간수가 빠진 천일염으로 염장하는 제조기법의 특이하다는 점이며, 넷째, 전혀 오염되지 않은 물로써 세척하기 때문에 대단히 위생적이다.

한 가지를 덧붙인다면 법성포민들이 영광굴비의 전통을 지키려는 자존심으로 제품의 질을 높이기 위해 지속적인 노력을 기울이고 있다는 점이다.

문헌상에 나타난 굴비의 효능

약성이 뜨겁지도 차지도 않고 강하거나 약하지도 않아 평이하며, 약간 단맛이 있고 전혀 독이 없다.

위胃에도 유익하며, 복창腹脹(뱃속에 탈이 생겨 배가 답답하고 팽팽하게 부어오르는 병)과 폭리暴痢(설사를 심하게 하는 병)를 다스리고, 식체(음식물이 체한 증상)와 기체(기가 약해서 생기는 신경성 위장병)에 특효가 있다.

머릿속에 작은 뼈는 돌과 같이 단단한데, 태워서 재를 만들어 석림石淋(오래된 임질, 신장이나 방광에 결석이 생기는 병)의 치료에 쓴다.

또한 민간요법으로는 어린이나 노약자와 병약자의 영양보충에 좋다고 해서 조기助氣(기운을 북돋아 준다)라 불렀다고 한다.

전라남도 해남 지명의 유래

고산 윤선도 유적지(녹우당)

해남군 해남읍 연동리

해남읍에서 남쪽으로 2km쯤 떨어진 고산 윤선도 유적지에는 해남윤씨 종가인 녹우당과 유물관이 있다.

녹우당은 고산 윤선도의 고택으로, 전라남도에 남아 있는 민가 가운데 가장 규모가 크고 오래된 집이다.

ㅁ자형을 이루며 안뜰을 둘러싼 안채와 사랑채를 중심으로 문간채가 여러 동 있고, 집 뒤편 담장 너머에 추원당(제각)이 있으며, 그 동쪽에 해남윤씨의 중시조인 어초은공 윤효정과 윤선도의 사당이 있다.

집안으로 들어가면 작은 연못과 정원 등이 가꾸어져 있다. 윤선도는 42세 때 봉림대군(효종)과 인평대군의 사부가 되었는데 효종은 즉위 후 윤선도를 위해 수원에 집을 지어 주었다.

1668년 효종이 죽자 수원집의 일부를 뜯어 옮겨온 것이 현 고택의 사랑채로 원래 이 사랑채의 이름이 녹우당이나 지금은 해남윤씨

윤선도 선생의 초상

종가 전체를 통틀어 그렇게 부른다. 집 뒤 산자락에 우거진 비자 숲이 바람에 흔들릴 때마다 쏴하며 비가 내리는 듯하다고 해서 녹우당이라고 불렀다고 한다. 이 집의 형식과 규모면에서 호남의 대표적인 양반집으로 인정되어 사적 제167호로 지정되었으며, 현재 녹우당에는 윤선도의 종손 14대손 윤형식씨가 살고 있다.

　이 곳 유물전시관에는 이 집의 보물 등 4,600여점이 전시되어 방문객들을 위해 공개되고 있다. 대부분 윤선도와 그의 증손인 공재 윤두서와 관련된 것들로 그 중에는 지정 14년 노비문서(보물 483호), 윤두서자화상(국보 240호), 해남윤씨 가전고화첩(보물 481호), 윤고산 수적관계문서(보물 482호) 등도 포함되어 있다.

윤두서 초상

　또한 녹우당 입구에는 500여년 된 큰 은행나무가 있으며 뒤편 덕음산에는 천연기념물 241호인 비자나무 숲(수령 300년가량 400여본)이 있다. 주변에 두륜산 도립공원, 대흥사, 송호리 해수욕장, 땅끝마을, 달마산, 우수영 명량대첩지 등이 있다.

녹우당과 이서의 현판 글씨

전라남도 무안 지명의 유래

승달산

무안군 청계면

　승달산은 500명 불제자들이 한꺼번에 깨달음을 얻었다고 해서 붙여진 이름이다. 호남정맥에서 서남쪽으로 갈라져 나온 산줄기로 해발 317.7m로 비교적 낮은 산이다.

　하지만 각종 풍수지리서에서 호남 8대의 명혈 중 제1의 혈처를 안았다고 하는 명산이다. 특히 새로운 전남 도청이 들어설 삼향면 남악리 지역은 풍수적으로 영암군 미암면 선황리의 선황산과 목포 유달산, 그리고 무안의 승달산 정상이 이룬 삼각형의 중심이어서 닭이 알을 품고 있는 천하의 명당이라고 말한다.

회산 백련지

　무안군 일로읍 복용리에 위치한 회산 백련지는 일제의 암울했던 시대에 조상들의 피와 땀으로 축조된 저수지이다. 이 마을에 사는 주민이 백련 12주를 구해다가 심은 후 번식을 거듭하여 지금은 동양 최대의 백련 자생지가 되었다. 연중에서 매우 희귀종으로 고귀함과 우아함으로 불가에서 부처의 깨달음과 극락정토를 의미하며 꽃이 연잎사이에 수줍은 듯 피어나기 때문에 더욱 사랑받는 연꽃이다.

또한 이곳 회산 백련지는 최근 멸종위기에 처해있는 가시연꽃이 군락을 이루고 있으며 30여종에 달하는 각종 수생식물들이 서식하고 있어 자연 생태계의 보고로 학계의 비상한 관심을 자아내고 있는 곳이기도 하다.

백련지의 연꽃

무안군 영산강하류

견훤왕릉

위치 : 무안군 일로읍 당호리(수변경관)

몽탄대교에서 영산강 하류의 수변경관을 조망할 수 있는 지점이다.

전방으로 몽탄대교가 있고, 영산강을 건너 옥룡산이 보인다. 몽탄대교가 개통되기 전에는 이곳에 몽탄나루가 있었다. 몽탄나루는 과거에 나주시 동강면과 무안군 일로읍을 연결하는 역할을 하였지만,

지금은 몽탄대교의 건설로 나루의 기능은 퇴색되어 옛 모습만 남아 있다.

몽탄夢灘이라는 유래는 견훤이 왕건과 세력을 다툴 때 꿈에 신령이 나타나 강을 건너도록 했다고 해서 붙여진 지명이다. 이곳에서는 장어가 많이 잡혀 예로부터 장어를 이용한 요리가 유명하다.

인근에는 회산연꽃방죽, 영산호 하구둑, 농업박물관, 시종과 반남의 고분군 등이 있다.

전라남도 영암 지명의 유래

고려개국공신 최지몽의 탄생지

　KBS 대하드라마 태조 왕건에 등장하는 민휴공敏休公 최지몽은 907년(효공왕 정묘丁卯)에 영암군 군서면 동구림리 성기동에서 신라 원보상元輔相 최흔崔昕의 아들로 출생 했다. 최지몽은 5세때부터 학문을 시작하였는데, 대광현일大匡玄一에게서 7-8년간 경서經書, 사서史書, 철학哲學 등을 배웠다.

　그리고 10세부터 2년간 형미선사逈微禪師에게서 같은 분야의 학문을 더 배웠다.

　18세(태조 7년)에 최지몽의 학문이 세상에 널리 알려졌을 때, 최응과 경보선사의 천거로 태조 왕건에게 나가 왕건이 꾼 꿈을 삼한三韓통일의 꿈이라 해몽해주자, 그 이름을 총진聰進에서 지몽知夢이라 바꾸어주고 비단옷을 하사하며 문한서文翰書(정 6품)의 관직을 하사하였다.

　이후 최지몽은 936년(병신丙申)인 30세에 삼한三韓이 통일이 될 때까지 왕건의 곁을 떠나지 않고 각종 조칙詔勅작성, 군사조련법軍士調練練法, 전투준비戰鬪準備, 현지정찰現地偵察, 작전계획作戰計劃을 세워 고려 태조 왕건에게 조언하였다.

　그 후로도 최지몽은 924년 갑신甲申부터 987년 정해丁亥까지 64년간 고려조에 봉직하였으며, 고려 태조에서부터 시작하여 혜종・정종·광종·경종·성종까지 여섯 임금을 모셨는데, 이는 고려 역사상 가장 오랫동안 관직에서 왕조를 보필하여 국사를 도운 것이다.

고려사절요에는 최지몽에 대하여 다음과 같이 기록되어 있다. 정해丁亥(987년) 6년에 별세하기까지 기록을 보면 최지몽의 어릴 때 이름은 총진總進이다.

성품이 청렴결백하고 검소하며, 인자하며 온화하고, 총명·민첩하여 학문을 좋아 하였다라고 기록되어 있다.

이는 보통 범인들과는 크게 다른 영리하고 훌륭한 인물임을 말해 주고 있다.

※ 영암군 군서면 서구림리에 선생의 높은 뜻을 기리는 국암사(사우)와 유적비가 세워져 있다.

월출산국립공원

영암군 영암읍, 강진군 성전면

월출산은 "달 뜨는 산"이라는 이름에 걸맞게 아름다운 자연경관과 유수한 문화자원, 그리고 남도의 향토적 정서가 골고루 조화를 이룬 한반도 최남단의 산악형 국립공원이다. 적은 면적에(41.8㎢) 암석 노출지와 수량이 적은 급경

월출산의 운해

사 계곡이 많아 자연생태계가 풍부하게 유지되기에는 어려운 조건이지만, 식물 약 700종, 동물 약 800종이 서식하고 있으면, 오랜 세월 동안 암석지형에 적응해 온 생태적인 독특성과 난대림과 온대림이 혼생하는 위치 여건으로 그 보전 중요성은 매우 크다고 할 수 있다.

주요 탐방로는 천황사 터, 또는 바람계곡에서 천황봉 - 구정봉 - 도갑사로 이어지는 종주능선으로 (약 6시간 소요)오르막길이 급경사로 이루어져 체력 소모와 안전사고를 조심해야 하지만, 사방이 탁 트여 능선상의 바위경관과 영암 및 강진 벌판의 아름다운 전원경관 조망이 일품이며, 우리나라에서 가장 높은 곳에 위치한 구름다리와 구정봉의 아홉 개 물웅덩이, 그리고 미왕재의 억새밭은 대부분 탐방객이 꼭 한 번 들려가는 명소이다.

전라남도 광양 지명의 유래

율산 김오천 옹과 광양밤

큰길가에도 밤나무가 서 있는 곳 지나가는 행인마저도 거침없이 알밤을 주워 먹는 곳, 밤 하면 광양을 떠올리게 되는데 광양밤이 전국적으로 유명하게 되기까지는 율산 김오천 옹의 땀과 열정이 숨어 있다. 1902년 다압면에서 농부의 아들로 태어난 김오천 옹은 열일곱 살이 되던 해 머슴

광양의 옛지도

살이 품값으로 번 돈을 여비삼아 일본행 연락선에 몸을 실어 일본의 광산에서 13년간의 광부생활로 돈을 모았다.

서른 살이 되던 1931년 김오천 옹은 밤나무 5천 주, 매실 5천 주의 묘목을 한 배 가득 싣고 돌아와 아무도 돌보지 않는 고향의 값싼 산에 1만 주의 밤과 매실나무를 심고 정성을 다해 길렀으며 묘목을 마을 사람들에게 나누어 주어 가을이 오면 온 산에 알밤이 영글게 되었다.

더불어 사는 삶을 실천하여 가난한 고향사람들이 부농의 꿈을 키우는 데 역할을 한 김오천 옹은 1965년 산업훈장을 수여받았다.

또한 1972년 11월에 그의 가장 가까운 제자들의 주선으로 지역인

사들의 뜻을 모아 마을 앞에 비를 세우고 옹의 생애에 가장 잘 어울리는 율산栗山이라는 아호를 바쳐 옹의 업적을 기리고 있다.

민간단체 곡수협회

김오천 옹이 식재한 묘목이 성과기에 접어들자 광양지역은 전국적인 밤의 명소가 되었으며 광양의 율림 조성에 대한 열기는 전국에서 으뜸이 되었다.

이러한 열기는 1969년 광양지역 밤 재배 농가들로 구성된 민간단체인 곡수협회를 창립하는 배경이 되었다.

곡수협회는 전국 각처에서 밤나무 묘목을 구입, 문헌과 대조하여 몇 해 후의 결실을 보고 식재 품종을 선택하는 등 우량품 종 보급에 앞장섰다.

또한 세계의 학계에서도 가장 새로운 기술로 인정받는 밤의 유태幼台접목법과 유근역위접목법을 보급함으로써 우수한 묘목을 공급하고 회원들의 자가 육묘가 가능하도록 기술을 보급시켰다.

매실

　매실은 건강 유지를 위한 필수성분인 천연 구연산과 칼슘 등 11가지 성분이 함유되어 인체에 도움을 준다는 사실이 이미 과학적으로 입증된 바 있다.
　매실은 산성체질을 약알칼리 체질로 개선해 주고 장 내의 유해균을 조정하는 정장작용을 하며 인체의 혈중농도를 높여 각종 성인병 예방과 피로회복, 정신안정에 탁월한 효과가 있다고 알려지고 있다.

전라남도 진도 지명의 유래

왕온王溫

왕온의 묘

몽고군은 일본을 정벌하고자 새로 개발한 화포를 삼별초군과 싸울 때 사용했는데 진도에서 10일 동안 벌어진 전투로 삼별초군은 위기에 몰리게 되며, 그들이 궁궐로 사용하던 용장사 큰 가람은 완전히 불타버렸다.

패주하던 왕온王溫은 너무나 다급한 나머지 왕무덤재를 올라 갈 때 말을 거꾸로 탄 채 말꼬리를 붙잡고 달렸다는 얘기가 있다.

어쩌면 낙마하여 꼬리를 붙잡고 달렸는지도 모를 일이다. 왕 무덤에서 붙잡힌 왕온과 그의 아들 항의 목을 치자는 주장과 목숨을 살려 데려가자는 주장이 맞섰지만 결국 이들 부자父子는 적장의 칼에 목을 허락할 수밖에 없었다.

고려의 자주自主를 위해 항거하던 삼별초 정신과 몽고의 속국이 되어 자주항거집단을 토벌하러 나선 고려 개경 정부의 조카들이 진도의 이름 없는 어느 산골짜기에서 몽골 장수의 고집을 꺾지 못하고 만다.

외세의 압력에 따라 조카가 백부를 죽이고 사촌 형제의 목을 치는 고려 왕실의 비극이 논수곡論首谷과 논수동論首洞이라는 이름을 남겨놓았다.

왕무덤재는 물론 왕온의 무덤이 바로 옆에 자리한 이유 때문에 붙여진 지명이고, 바로 밑에 왕이 탔던 말의 무덤이 남아 있으나 아들 항의 무덤은 남아있지 않다.

패주하던 삼별초가 돈지에서 둘로 나뉘어 김통정金通精은 금갑 방면으로, 배중손裵仲孫은 임회 방면으로 도망쳤다. 금갑에서 배를 탄 김통정, 유존섭은 제주까지 건너가 그곳에서 2년 남짓 항몽전을 펴다가 섬멸되었다.

이때 함께 도망치던 여인들은 붙잡혀 욕을 보느니 차라리 스스로 목숨을 거두자고 마음 먹고 만길재 밑 우황천에 몸을 던져 자결의 길을 택했다.

그 뒤부터 비오는 날 지나가는 행인들의 귀에 한 서린 여인들의 울음소리가 들린다고 한다.

부여 낙화암과 견줄 수 있는 이야기다.

임회면 방면으로 패주했던 배중손 장군과 그 부하들은 남도석성에서 최후를 마쳤다 한다.

전라남도 곡성 지명의 유래

도림사

곡성군 곡성읍 월봉리

곡성읍에서 서남쪽으로 4km 떨어진 월봉리, 동악산 줄기인 성출봉 중턱에 자리 잡은 도림사는 신라 무열왕 7년(660년)에 원효대사가 세웠다고 전해지며, 현재는 보광전, 약사전, 응진당, 명부전 등이 있고 절 입구에는 허백련 화백이 쓴 '오도문'이라는 현판이 걸려 있다.

도인이 숲같이 많이 모여들었다 하여 도림사라 하는데, 인근에는 동악산 남쪽 골짜기에서 시작된 '도림계곡'이 흐르고 있는데, 수맥이 연중 그치지 않을 뿐만 아니라, 노송, 계곡, 폭포들이 어울려 절경을 이루고 있다.

주변의 경치를 감상할 수 있는 커다란 반석들이 있어 옛 부터 풍류객들의 발길이 잦았으며, 한여름 반석 위로 흐르는 계곡물에 몸을 담그는 맛은 색다르다.

1987년 지방기념물로 지정되어 해마다 많은 관광객들이 찾고 있다.

전라남도 구례 지명의 유래

연곡사

　구례군 토지면 내동리에 있는 연곡사는 543년(신라 진흥왕 4년)에 화엄사종주 연기조사가 창건하였으나 임진왜란 때 소실되었다가 다시 한국전쟁으로 소실되었다.

　그러나 경내에는 동부도, 북부도를 비롯하여 국보 2점과 보물 4점이 보존되어 있다.

　1981년 3월 1일부터 당시 주지인 장승부 스님이 정부지원과 시주로 옛날 법당을 철거하고 그 자리에 화강석과 자연석으로 축대를 쌓아 정면 5칸, 측면 3칸의 새 법당을 신축한 이후 복원 불사가 계속되고 있다.

　사찰 이름을 연곡사라고 한 것은 연기조사가 처음 이곳에 와서 풍수지리를 보고 있을 때 현재의 법당 자리에 연못이 있었는데 그 연못을 바라보던 중 가운데 부분에서 물이 소용돌이치더니 제비 한 마리가 나와 산 너머로 날아간 것을 보고 그 자리에 연못을 메우고 법당을 짓고 지은 이름이라고 한다.

연곡사내의 단풍

　한편 연곡사에서 눈길을 끄는 것은 동백나무 숲 아래에 있는 고광순 의병장 순절비인데, 을사조약으로 나라의 주권이 일본에게 넘어가자 각지에서 항일 의병이 일어났는데 호남지방에서도 의병활동이 활발하였다.

그 대표적인 인물이 담양 출신 의병장 고광순으로 1907년 8월 26일 지리산 연곡사에 근거를 설치하고 적극적인 의병활동을 전개하였으나 왜병의 기습을 받아 패전하고 순절하였다.

지리산국립공원

구례군, 전라북도 남원시, 경상남도 산청군, 하동군, 함양군

크고 작은 산맥의 갈래가 얽히고 설켜 그 굴곡을 형성하고 골격의 품속에 오천 년을 이어온 한민족의 유구한 역사가 숨 쉬고 있는 한반도의 남쪽에 그 웅장한 모습을 드러내고 있는 산이 지리산이다.

지리산은 고대 신라시대부터 금강산, 한라산과 더불어 삼신산三神山의 하나로 알려져 왔으며, 우리나라 5악의 하나인 남악으로 어리석은 사람이 머물면 지혜로운 사람으로 달라진다 해서 "지리산智異山" 그리고 백두산의 맥이 반도를 타고 내려와 이곳 까지 이어졌다는 뜻에서 두류산頭流山이라고 불리워지기도 하고, 불가에서 깨달음을 얻은 높은 스님의 처소를 가리키는 방장의 그 깊은

지리산 노고단 정상에서

의미를 빌어 방장산方丈山이라고도 하였다.

　지리산은 1967년 12월 29일 우리나라 최초의 국립공원으로 지정된 곳으로 전라남도 구례군, 전라북도 남원시, 경상남도 하동군·산청군·함양군 등 3개도 5개 시·군 15개 읍면에 걸쳐 있는 곳으로 면적이 440.485㎢에 이르러 설악산의 2.2배, 한라산의 3.4배로 국립공원 가운데 가장 넓은 면적을 차지하고 있으며 남한 제2의 고봉인 천왕봉(1,915m)을 비롯하여 제석봉(1,806m), 반야봉(1,732m), 노고단(1,507m) 등 10여개의 고산준봉이 줄지어 있고 뱀사골계곡, 칠선계곡 등 6개의 계곡과 구룡폭포, 불일폭포, 용추폭포, 등선폭포 등 10여개의 이름난 폭포와 한랭한 고산지대와 온난한 산록지대가 있어 824종의 식물이 원시림 상태를 유지하고 421종의 동물이 서식하고 있으며 천연기념물인 사향노루를 비롯하여 수달, 청설모, 오소리, 담비, 반달곰 등이 희귀한 동식물로 보호받고 있다.

　또한 노고단 중턱의 산허리를 감돌아 흐르는 구름바다가 절경인 노고운해, 10월 하순에 오색단풍이 절정을 이루는 피아골 단풍과 지리산을 굽이 돌아 흐르는 섬진강 등 지리산 10경은 사시사철 갖가지 비경을 자랑할 뿐 아니라 그 경치가 한 폭의 그림처럼 아름다우며 화엄사, 쌍계사, 연곡사, 대원사, 실상사 등의 대사찰을 비롯한 수많은 암자가 남아 있다.

지리산 남악제

지리산은 옛날에 지리 또는 두류산이라고도 하였고 금강산, 한라산과 더불어 삼신산으로 불리었으며, 신라시대에는 토함산, 계룡산, 지리산, 태백산, 팔공산을 오악이라 하였는데 그 오악 중 지리산은 남악이라 하였습니다.

지리산의 단풍

지리산과 더불어 구례에 살았던 우리 조상들은 지리산 노고단에서 하늘과 산에 제사를 올리고 국태민안과 시화연풍을 기원하였는데, 신라시대부터 매년 나라에서 제관을 보내어 중사의 제례를 받들어 오다가 조선시대부터는 노고단 남쪽 현재 광의면 온당리에 단을 세우고 제례를 지냈습니다.

그 후 한말 외세에 의하여 우리 고유의 풍속이 쇠퇴하게 되어 융희 2년인 1908년에 폐사되었다가 광복 후 화엄사 일주문 앞에서 제사를 올렸으며 1969년 현재의 터에 남악사를 건립하고 매년 곡우절을 맞이하여 지리산 일대의 영약으로 이름난 『거자 약수』로 봉제하면서 『약수제』라 칭하게 되었고 나라의 태평과 국민의 안녕을 기원하는 고유의미의 제례행사를 계승발전 시키기 위하여 2000년부터는 『지리산남악제』라 개칭하고 찬란한 문화유산을 전승 발전시키기 위하여 온 국민이 다 함께 참여하고 화합과 단결을 다짐하는 국민의

축제로 발전되어 왔습니다.

피아골계곡

"피아골"은 지리산의 관문인 노고단의 등 넘어서 섬진강으로 향하는 물줄기가 동남쪽으로 깊이 빠져나간 큰 계곡이다. 한국전쟁직후 피아골이라 부르게 된 것으로 잘못 알고 있으나 오랜 옛날부터 불러 내려오는 유서 깊은 이름이다. 그 어원을 살펴보면 옛날에 속세를 버리고 한적한 이곳 선경을 찾은 선객仙客들이 이곳에 오곡중의 하나인 피(직稷) 많이 가꾸었던 연고로 자연히 피밭골(직전곡稷田谷)이라 부르게 된 것이 그 후 점차 그 발음이 피아골로 전환 된 것이라 한다.

피아골은 노고단과 반야봉 사이에 자리 잡은 계곡이다. 가을날의 핏빛단풍으로 지리 십 경의 반열에 든다.

기실 홍염에 불타는 단풍이 워낙 유명세를 타고 있어 그렇지 피아골은 사계절 내내 아름다운 곳이다.

봄날에 피어난 철쭉은 명경 같은 계곡에 얼굴을 비추고, 여름날엔 한 올의 햇살도 허락하지 않을 만큼 녹음이 우거진다. 가을의 단풍은 두말 할 나위 없고, 겨울엔 인적 드문 호젓한 설국의 산길을 선사한다.

계곡 초입에 지리산 제일의 거찰이었다는 연곡사와 국보급 문화재가 있어 찾는 이들이 많다.

연주담, 삼홍소 등 속을 알 수 없는 심연과 집채만 한 바위들이 어울려 풍치가 뛰어나다.

여름철에 물놀이하기에 좋은 곳은 연곡사에서 직전마을까지, 직전마을에서 피아골 산장까지이다.

피아골 단풍제

지리산 원시림과 낙엽내리는 계곡이 계절의 조화를 신비롭게 이루는 지리산 피아골에서 만색 단풍의 아름다운 자연에 감사하고자 10월 31일부터 지리산 피아골 단풍축제를 개최합니다.

지리산이 붉게 불타니 산홍山紅, 붉은 단풍이 비치는 맑은 소沼가 붉으니 수홍水紅, 지리산의 품에 안긴 사람의 얼굴도 붉게 물들어 보이니 인홍人紅으로 유명한 삼홍三紅의 골짜기에서 지리산의 아름다운 가을을 한껏 감상하시고 가족, 친구, 연인, 동료와 함께 결실과 여행의 계절, 가을한때를 멋지게 즐겨보시기 바랍니다.

※ 피아골의 유래 : 피아골은 옛날부터 이곳에서 고대 오곡중 하나인 피를 많이 가꾸었던 연고로 자연히 피밭골이라 부르게 되었는데 점차 발음이 피아골로 전환된 것이라 하며 지금도 피아골 입구에 직전이란 마을이 있어 이 유래를 실증하고 있다.

전라남도 장흥 지명의 유래

부사골로 승격시킨 공예태후 임씨恭睿太后 任氏

고려 17대왕 인종仁宗의 비妃이다.

1109년 장흥군 관산읍 옥당리 당동마을에서 태어났다. 성은 임任씨이고 중서령 원후元厚의 딸이며 문하시중 이위李瑋의 외손녀이다.

태후가 탄생하던 날 저녁에 이위의 꿈에 황색의 큰 깃발이 집의 중문에 세워져 깃발의 끝이 궁궐의 용머리에 걸쳐 나부끼므로 외조부가 태후를 몹시 사랑하였다.

태후가 15세에 이르자 평장사 김인규金仁揆의 아들에게 시집가게 되었으나 혼인하는 날 저녁 갑자기 중병에 들어 죽어가게 됨으로 혼인하지 못하였다.

이후 1126(인종 4) 이자겸李資謙이 물러나고 그의 딸이 폐비가 되자 태후가 연덕궁주延德宮主로 추천되었다.

태후가 추천된 것은 폐비이씨가 친정으로 가던 날 인종왕이 꿈을 꾸니 폐비가 참깨(임자壬子) 5되와 노란 해바라기씨(황규黃葵) 3되를 주고 가더라는 것이다.

이에 척준경拓俊京에게 꿈 이야기를 하니, "후비后妃로 임시를 들일 징조요. 다섯이란 아들을 말하고 누런 해바라기씨는 그중 세 아들이 왕이 될 것"이라는 상서로운 꿈이란 해몽이 있어 태후로 추천되었다.

1127년 태후가 의종毅宗을 낳으니 왕이 기뻐하며 태후 집에 은기銀器들을 하사하고 태후를 극히 총애하여 1129년 왕비로 책봉하였다.

이후 왕자 경暻과 명종明宗을 잇따라 낳으므로 인종은 왕비를 위해 수시로 은전을 베풀었으며 왕비의 어머니가 돌아가시자 왕이 소복을 입는 예를 갖추었다.

태후는 의종毅宗·경暻·명종明宗·충희沖曦·신종神宗 다섯 형제와 승경承慶·덕령德寧·창락昌樂·영화永和 네 공주를 낳았고 의종이 왕에 즉위하자 태후를 왕태후王太后로 삼았다.

75세를 일기로 생을 마치며, 순능純陵에 장사하고 시호를 공예태후恭睿太后라 하였다.

이듬해 금金 나라에서 사신을 보내와 제사를 지냈다. 인종왕은 왕자가 탄생될 때마다 태후에 대한 은전을 베풀어 우리 고을 명칭도 "길이 흥할 고장"이라 하여 "장흥長興"이라 이름 지어 하사했다고 전한다.

장흥 지도

참고문헌

한국정신문화연구원,『한국민족문화대백과사전』,1991,

세종실록,『조선왕조실록』, 조선

『고려사』

『고려사절요』

서울 . 전라남북도,『각시군지』

『동국여지승람東國輿地勝覽』

세조실록,『조선왕조실록』, 조선

『호남각도읍지』

김정호,『대동지지大東地志』

『문화유적총람』

성현,『용재총화慵齋叢話』, 9권,

한국성씨발전사,『한국민족사학회 1988년』

문밖에서 부르는 조선의 노래 이은식 저 /12,000원
노비, 궁녀, 서얼... 엄격한 신분 사회의 굴레 속에서 외면당한 자들이 노래하는 또 다른 조선의 역사.

불륜의 한국사 이은식 저 /13,000원
베개 밑에서 찾아낸 뜻밖의 한국새 역사 속에 감춰졌던 애정 비사들의 실체가 낱낱이 드러난다.

불륜의 왕실사 이은식 저 /14,000원
고려와 조선을 넘나들며 펼쳐지는 왕실 불륜사! 엄숙한 왕실의 장막 속에 가려진 욕망의 군상들이 적나라하게 그 모습을 드러낸다.

이야기 고려왕조실록 (상),(하)
한국인물사연구원 편저 /각권 15,500원
고려사의 모든 것을 한눈에 살펴볼 수 있는 최고의 역사 해설서! 다양하고 풍부한 문헌 자료를 바탕으로 재미있고 쉽게 읽히는 새로운 고려 왕조의 역사가 펼쳐진다.

우리가 몰랐던 한국사 이은식 저 /16,000원
제한된 신분의 굴레 속에서도 자신의 삶을 숙명으로 받아들이지 않고 꿈을 이루기 위해 노력한 선현들의 진실된 이야기.

모정의 한국사 이은식 저 /14,000원
위인들의 찬란한 생애 뒤에 말없이 존재했던 큰 그림자, 어머니! 진정한 영웅이었던 역사 속 어머니들이 들려주는 시대를 뛰어넘는 교훈과 감동을 만나본다.

2009 문화체육관광부 우수교양도서 선정

읽기 쉬운 고려왕 이야기
한국인물사연구원 편저 /23,000원
쉽고 재미있게 읽히는 새로운 고려 왕조의 역사. 500여 년 동안 34명의 왕들이 지배했던 고려 왕조의 화려하고도 찬란한 기록들.

원균 그리고 이순신 이은식 저 / 18,000원
417년 동안 짓밟혔던 원균의 억울함이 벗겨진다. 이순신의 거짓 장계에서 발단한 원균의 오명과 임진왜란을 둘러싼 오해의 역사를 드디어 밝힌다.

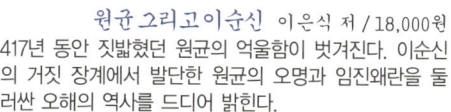

신라 천년사 한국인물사연구원 편저 /13,000원
고구려와 백제를 멸망시킨 작은 나라 신라! 전설과도 같은 992년 신라의 역사를 혁거세 거서간의 탄생 신화부터 제56대 마지막 왕조의 이야기까지 연대별로 풀어냈다.

풍수의 한국사 이은식 저 /14,500원
풍수와 무관한 터는 없다. 인문학과 풍수학은 빛과 그림자와 같다. 각각의 터에서 태어난 역사적 인물들에 얽힌 사건을 통해 삶의 뿌리에 닿게 될 것이다.

기생, 작품으로 말하다 이은식 저 / 14,500원
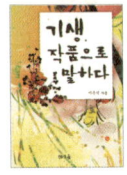
기생은 몸을 파는 노리개가 아니었다. 기생의 연원을 통해 그들의 역사를 돌아보고, 예술성 풍부한 기생들이 남긴 작품을 통해 인간 본연의 삶을 들여다본다.

여인, 시대를 품다 이은식 저 / 13,000원
제한된 시대 환경 속에서도 자신들의 재능과 삶의 열정을 포기하거나 방관하지 않았던 여인들. 조선의 한비야 김금원과 조선의 힐러리 클린턴 동정월을 비롯한 여인들이 우리들의 삶을 북돋아 줄 것이다.

미친 나비 날아가다 이은식 저 / 13,000원

정의를 꿈꾼 혁명가 홍경래와 방랑 시인 김삿갓 탄생기. 시대마다 반복되는 위정자들의 부패, 그 결과로 폭발하는 민중의 울분, 역사 속 수많은 인간 군상들이 현재의 우리를 되돌아보게 한다.

 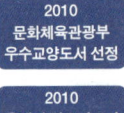    

지명이 품은 한국사 - 1, 2, 3, 4, 5
이은식 저 / 15,000원~19,800원
지명의 정의와 변천 과정, 지명의 소재 등 지명의 기본을 확실히 정리하고, 1천여 년 역사의 현장이 도처에 남긴 독특한 고유 지명을 알아보자.

핏빛 조선 4대 사화 첫 번째 무오사화 한국인물사연구원 저 / 17,000원
사림파와 훈구파의 대립은 부조리한 연산군 통치와 맞물리면서 수많은 희생자를 만들게 된다. 사회, 경제적 변동기의 상세한 일화를 수록함으로써 혼란한 시대를 구체적으로 그려냈다.

핏빛 조선 4대 사화 두 번째 갑자사화 한국인물사연구원 저 / 17,000원

임사홍의 밀고로 어머니가 사사된 배경을 알게 된 연산군의 잔인한 살상. 그리고 왕의 분노를 이용해 자신들의 세력을 확고히 하려던 왕실 세력과 훈구 사림파의 암투!

핏빛 조선 4대 사화 세 번째 기묘사화 한국인물사연구원 저 / 17,000원
조광조를 필두로 한 사림파가 급진적 왕도 정치를 추구하면서 중종과 소외 받던 훈구파는 반발하게 되고, 또 한 번의 개혁은 멀어져 간다.

핏빛 조선 4대 사화 네 번째 을사사화 한국인물사연구원 저 / 17,000원

왕실의 외척 대윤과 소윤은 권력을 차지하기 위해 극렬한 투쟁을 벌였다. 이때 그간 정권에 참여하지 못했던 사림들도 대윤과 소윤으로 갈리면서, 조선 시대 붕당 정치의 시작을 예고한다.

계유년의 역신들 한국인물사연구원 편저 / 23,000원
세조의 왕위 찬탈 배경과 숙청되는 단종, 왕권의 정통성을 보전하려던 사육신과 생육신 사건부터 김문기가 정사의 사육신인 이유를 분명히 밝힌 역사서!